Joachim Braunstein

Wahre Quelle der falschen Eibelischen Urkunden von der Ohrenbeichte

Mit einer katechetischen Rede von der Beichte. Für das gemeine Volk

Joachim Braunstein

Wahre Quelle der falschen Eibelischen Urkunden von der Ohrenbeichte
Mit einer katechetischen Rede von der Beichte. Für das gemeine Volk

ISBN/EAN: 9783743678859

Hergestellt in Europa, USA, Kanada, Australien, Japan

Cover: Foto ©ninafisch / pixelio.de

Weitere Bücher finden Sie auf **www.hansebooks.com**

Wahre Quelle
der falschen
Eibelischen Urkunden
von der
Ohrenbeichte,
mit einer
katechetischen Rede
von der Beichte.
Für das gemeine Volk.
Von
P. Joachim Braunstein,
Konventualen,
d. Z. Stiftsprediger in Solothurn.

Mit Erlaubniß der Obern.

Augsburg,
bey Matthäus Riegers sel. Söhnen.
1784.

Haec tu misericorditer irride, ut eis ridenda & fugienda commendes.

S. Augustinus.

§. 1.

Nichts ist leichter, als in unsern aufge‑
klärt heißenden Zeiten sich das Anse‑
hen eines großen, belesenen Gelehrten, eines
allgemeinen Genies zu erwerben; nachdem
der Abgott dieses Zeitalters, Voltaire, allen
hitzigen Köpfen und leckern Geistern den
Weg dazu eröffnet; da er ihnen gezeiget, daß
man auch ohne die mindeste Sprachenkennt‑
niß, ohne die geringste Geheimnissenlehre,
mit einer superficiellen Bewanderung in der
Geschichte, und mit einer bissigen Schreib‑
art bewaffnet, dem ganzen Glaubenssyste‑
me, oder auch einzeln Wahrheiten die em‑
pfindlichsten Hiebe versetzen, und sich so den
Name eines großen Denkers mit geringen

Kösten erstegen könne. Man darf, nach dem Beyspiele dieses Patriarchen des Unglaubens, nur einen wohlversehenen Büchersaal besuchen, oder sich selbst welchen verschaffen, aus den gelehrtesten Religionsvertheidigern die Einwürfe gegen alles Heilige ohne ihre Antworten abschreiben, um seinen Diebstal zu decken, diese Männer als Dummköpfe, als mönchische Schulsklaven, oder gar als Lügenpropheten verschreyen, und dann mit den gestohlenen Federn ausgeschmückt ruhig auf die Schaubühne einer tollkühnen Autorschaft tretten.

Diese neuen Hierostraten sind den jüngst erfundenen Luftballonen vollkommen ähnlich: in den Augen des ungelehrten Pöbels sind sie Kometen, Sterne der ersten und zwoten Größe; in sich selbsten aber nichts anders, als mit Luft oder stinkenden Ausdünstungen angefüllte Papier- oder Lumpenmaschinen, oder gar Seifenblasen philosophischer Kinder. Bullatis nugis pagina turgescit, dare pondus idonea fumo.

§. 2.

§. 2.

Dieſer Lehre, ihres Großvaters ſind die heutigen Brochürenhelden vollkommen getreu: alles wimmelt, wie die Melanges ihres Anführers, von gelehrten Fragen, Zweifeln, Dialogen und Unterſuchungen, die ſie aus alten oder neuen Schriftſtellern meiſterlich abſchreiben, und unter ihrem Name auskramen. Unter ſolchen Gelehrten a la mode zeichnet ſich ſchon einige Zeit ein gewiſſer H. Eibel vorzüglich aus. Alle ſeine Fragen, die er ſchon gemacht, und nach ſeinem Berichte noch machen wird, koſten ihm blos die Mühe, den erſten beſten Polemiker aufzuſchlagen, deſſen redlich vorgetragene Religionsbeſchwerniſſe, und geſammelte Einwürfe in Abſchnitte einzutheilen, dem geraubten Tuche einen falſch-geometriſchen Zuſchnitt, eine neumodiſche Garnitur zu geben, und alsdann der Welt aus dem Seneka zu ſagen: „Noch wird die Zeit kommen, wo „ſich unſre Enkel wundern werden;‟ daß „wir ſolche Wahrheiten nicht gewußt haben. Sapit ſolus, ceteri ut ut umbrae moventur!

§. 3.

Um ein Beyspiel dieſer wohlfeilen Autorſchaft des H. Eibels zu haben, wollen wir deſſen jüngſte Schrift — die Urkunden des chriſtlichen Alterthums von der Ohrenbeichte — unterſuchen. Es geſchieht nicht den H. E. zu widerlegen: denn er proteſtirt gegen alle Widerlegung, als die er ſchon ſelbſt neben den abgeſchriebenen Einwürfen geleſen: ſondern nur einem lieben Publikum zu zeigen, wie unredlich dergleichen Männer mit ihm umgehen: da ſie ohne die mindeſte Patrologie, ohne Hermeneütik, ohne Logik, ohne gründliche Kenntniß ihres Glaubens, ja ſo gar ohne alle Schamhaftigkeit ſchon tauſendmal widerlegte Einwürfe, als die wichtigſten Entdeckungen vorlegen, und das redliche Geſtändniß gründlicher Gelehrten misbrauchen, ihre eigene Kirche lächerlich, und den gemeinen blödern Haufen irre zu machen.

Ich brauche hierzu keinen großen Büchervorrath; nur den nächſten beſten polemiſchen Schriftſteller, zum Beyſpiel den lieben den Schulvater Tournely will ich aufschlagen, und zeigen, daß ihn H. E. von seiner Quæstione 6ta de Confessione, in Ansehung der Einwürfe, so ziemlich buchstäblich abgeschrieben, und ein bischen von seiner eigenen Brühe darüber gegossen. — Deutsche! leset, und urtheilet!

§. 4.

H. E. ist doch so redlich, wie Tournely, mit dem stärksten Beweise der sakramentalischen Beichte aus Johannes am 20. Kap. 22. V. den Anfang seiner Urkunden zu machen: allein anstatt die gegründeten Folgen dieses Sorbonnischen Lehrers hinzusetzen, anstatt aus dieser Bibelstelle zu beweisen, daß die richterliche Schlüsselgewalt die Gewissen zu binden oder loszusprechen, nothwendig eine Erklärung der Sünden verlange, daß, gleichwie diese Macht über die Gewissen eine göttliche Stiftung ist; also auch die Bekenntnis der Sünden von Gott eingesetzt seye; anstatt alles nachzusagen, was Tournely aus der Uebereinstimmung der griechischen und lateinischen

nischen Kirche, aus den sonnenklaren Sprüchen der HH. Väter, aus der ältesten Handlungslehre, wider den Kalvin und Dalläus niederschreibt, um diese wichtige Stelle in ihr vollkommnes Licht zu setzen, anstatt dessen trachtet H. E. dahin, derselben einen ganz andern Verstand zu geben, und ihn mit andern Arten wunderbarer, nicht sakramentalischer Sündenvergebungen aus der Lebensgeschichte des Erlösers und der Apostel zu verdunkeln, oder gar zu verdrehen. Diesen schlauen Vortrapp schickt er voraus, um seine folgende Eingriffe in fremde Aerndten zu decken: denn pulcrum est dicier: Hic est!

§. 5.

Aus dieser Ursache bringt er §. 2. die Heilung des Gichtbrüchigen, und dessen Sündenvergebung aus Matth. 9, 2. an, zu zeigen, daß, wie der Heiland, ohne die Beichte, die Macht Sünden zu vergeben ausgeübet; eben so die den Aposteln verliehene Macht, ohne Beicht, müsse ausgeübet werden. — Eine glückliche Hermeneutik!
welche

welche die entferntesten Begebenheiten der Schrift zusammen stellet, und die klärsten Einsetzungsworte, wo Menschen andere Menschen urtheilen, und folglich Menschen sich Menschen offenbaren müssen, durch die Wunderkuren, durch die richterlichen Aussprüche des Gottmenschen, der in den Herzen liest, und hartnäckigen Jüden Beweise seiner Gottheit geben will, in einem fremden dem ganzen Alterthume unbekannten Sinne auszulegen trachtet. Barbara celarent!

§. 6.

Die nämliche Logik herrscht in dem §. 3. angesetzten Beyspiele aus Luk. 7, 37. von dem sündigen Weibe. Da lehrete gewiß der Heiland nicht, wie die Sünder bey den Füßen der Apostel, sondern wie sie bey seinen Füßen gerechtfertiget werden. War es vielleicht nothwendig, daß ihm die Sünderinn ihre Heimlichkeiten erzählete? Handelte er hier nicht wieder als der allwissende Richter? — Einige Monate nach dieser Begebenheit hätte die Sünderinn bey den Füßen des Petrus, oder eines andern Apoſtels reden müſſen; weil ſie nur Menſchen geweſen, die ihre richterliche Gewalt nicht nach der Weiſe eines Gottmenſchen ausüben konnten. Dieſen §. hat H. E. vermuthlich einer Maitreſſe zu Gunſten geſchrieben, die er vielleicht ohne Beicht losgeſprochen wünſchete. Die beygefügte Note beweiſt nur, daß das Betragen einer reuvollen Sünderinn ein Beyſpiel der Bekehrung, nicht aber ein Beweis gegen die Beicht ſey. Sed fumum ex fulgore dare cogitat.

§. 7.

Das Betragen und die Worte des Heilandes aus Johann. 5, 1. bis 28. erklären eben ſo wenig die Ausübung der prieſterlichen Gewiſſensmacht. Der Heiland will nur durch die Heilung und Sündenvergebung bey dem 38jährigen Kranken den Jüden, nach der eigenen Anmerkung des H. E. die übernatürliche Kraft und Gewalt entdecken, womit er verſehen war, und nicht den Apoſteln ein Beyſpiel geben, wie ſie
blind-

blindhin, so ziemlich protestantisch, die Sünden, ohne sie durch die Beicht zu erkennen, vergeben sollen. Est aliquid Tanain inter socerumque Tigelli.

§. 8.

Die Urtheile des Petrus §. 6. über den Heiligthumskrämer Simeon, über die lügenhaften Ananias und Saphira; des Paulus über den blutschänderischen Korinther können gar nicht als eine Handlung der sakramentalischen Schlüsselgewalt angegeben werden. Sonst folgte nothwendig, daß die Priester ihre Gewalt über die Leiber sowohl, als über die Seelen ausüben könnten bey denen, die sich bekehren wollen: so wie Petrus und Paulus in diesen Fällen gethan. Diese strenge Wunderkraft war also nur eine Gnade, die zur ersten Kirchenpolizey, nicht aber zum priesterlichen Richteramte der Sündenvergebung gehörete. Hätten die Priester auch diese außerordentliche Gnade von den Aposteln ererbet; wehe dann! gewissen Herren, die schon so manches Jahr nicht

nicht gebeichtet haben... Die Todtengräber würden um Ostern viel zu thun haben; und vielleicht hätte H. E. schon längstens keine Fragen mehr aus polemischen Büchern abgeschrieben. Tibi luditur Amens!

§. 9.

Es ist wahr, wie H. E. §. 7. erkläret, daß die Vergebung der Schulden, zu der wir alle verpflichtet sind, himmelweit von der priesterlichen Schuldenvergebung unterschieden ist: aber es ist grundfalsch, wider alle Hermeneutik, und logischen Zusammenhang der Schrift; daß uns Gott auch ohne Beichte nur darum alle Sünden vergeben werde, weil wir unsern Schuldigern von Herzen werden vergeben haben. Gleich unredlich ist die beygefügte Note, welche die Verzeihung der erlittenen Unbilden als das vollkommenste Mittel anrühmet, eine gänzliche Erlassung seiner Sünden zu erhalten, ohne eine priesterliche Losbindung; zu welcher die Verzeihung der Unbilden, die Liebe der Feinde zwar ein sehr vortheilhaftes, nicht
aber

aber das einzige Mittel ist. Hier hätte Tournely viel besser können angeführet werden gegen diese alten dalläischen Einwürfe, als die verführerisch angebrachte Note aus dem Evangelium, dessen Druck H. E. besorget zu haben sich rühmet. — Doch Tournely spricht nicht nach den Absichten dieses heimlich dalläischen Herrn. Muteamus Clypeos.

§. 10.

Nichts wenigers gehöret hieher als die Worte des Apostels Jakobus §. 8. „Dar„um so bekennet einer dem andern eure „Sünden, und bethet für einander, daß „ihr selig werdet; denn das stäte Gebeth „eines Gerechten vermag sehr viel.„ Jak. 5, 16. — nach der Auslegung des ehrwürdigen Beda bey unserm Vater Tournely, muß diese Stelle mit Bescheidenheit nur von kleinen Fehlern verstanden werden, die das wechselseitige Gebeth der Gerechten vor Gott auslöschen kann; nicht aber von dem Aussatze größerer Sünden, welche

che dem Priester sollen geoffenbaret werden. (a)

Folglich beweisen alle von §. 1. an niedergeschriebene Bibelsprüche und Geschichten nichts anders, als die Unredlichkeit des Abschreibers, der sie nur zusammen gesetzet, um dem Volke sagen zu können, daß die den Aposteln gegebene Gewalt ohne Sündenerklärung könne und müsse ausgeübet werden; welches er nothwendig daraus schließen will; wenn anders sieben Abschnitte nicht vergebens in seinen Urkunden stehen. Dic ergo Scibboleth.

§. II.

Dessen ungeacht steht H. E. stolz auf seinem biblischen Luftgebäude, fängt an über den gepurperten Bellarmin, der mit Kemnitzen so viele und rühmliche Lanzen gebrochen, schimpflich zu reden; nennet ihn blos einen römischen Skolastiker, der die Ohrenbeicht

―――――――――――

(a) Tournely Tract. de Pœnit. Lib. I. p. 372.

beicht aus den Zeiten der erſten Aeltern ha‑
be her beweiſen wollen: da doch Tournely
ausdrücklich ſagt, Bellarmin, und andere
führen dieſe altteſtamentiſche Begebenheiten
nur als Sinnbilder, als Figuren, und nicht
als Beweiſe der Ohrenbeicht an. (a) Von
den übrigen ſtärkſten Gründen dieſes großen
Kardinals ſagt der verſchmitzte H. E. keine
Silbe. Das Herrchen will einmal Bel‑
larminen lächerlich machen; darum muß es
das ſchwächeſte aus den Schriften dieſes
großen Mannes herſchreiben. Darum ſetzet
er noch eine ſatyriſche Note hinzu, durch
die er behauptet, einige hätten ſogar den
Nathan zum Hofpater des Davids ge‑
macht. — Das weiß ich, daß die berühm‑
teſten franzöſiſchen Redner den Nathan als
ein Muſter eines ernſthaften Beichtvaters
vorſtellen; daß ihn aber einige aus Ernſte,
buchſtäblich genommen, ſelbſt zum Beichva‑
ter machen, weiß ich ſo wenig als H. E.,
der ſich nur eines unbeſtimmten Ausdruckes
bedie‑

(a) Tournel. Lib. II. de Pœnit. p. 318.

bedienet, und auf die Unköſten katholiſcher Polemiker etwas Lächerliches ſagen wollte. Aber ſcherzen mit Unwahrheiten heißt nicht beweiſen. Ridendo dicere verum.

§. 12.

Noch ſchlauer iſt der Kunſtgriff, wodurch Herr Abſchreiber §. 10. den neuteſtamentiſchen Beweiſen des Bellarmins überhaupt den einzigen Eſtius entgegen ſetzet, der doch nicht behauptet, daß des gelehrten Kardinals Beweiſe für die Ohrenbeichte Alle, ſondern einige nur nicht bündig genug ſeyen, und gar leicht anders könnten ausgeleget werden. Bellarmin ſchrieb wider Gegner, welche die ſeichteſten Schriftbeweiſe gegen die katholiſche Sache anbrachten; darum ſtellte er auch alles zuſammen, was nur immer die Einſetzungsworte des prieſterlichen Bußgerichtes, und deſſen Theile aus der Bibel erklären, beſtätigen konnte. Und Tournely, den H. E. wieder überguckt, ſagt: Wenn auch einige behauptet hätten, mit dem Eſtius, daß die heimliche

Beicht

Beicht nur eine Disciplinsache sey: so hätten sie dennoch die Sündenerklärung als eine göttliche Stiftung angesehen. (a) Doch dieses soll weiter unten noch besser auseinander gesetzet werden.

§. 13.

Um noch gesicherter auf seinen Schleichwegen die gelehrte Contrebande zu treiben, versicheret uns H. E. §. 11. mit stolzem Versprechen nichts aus verdächtigen Quellen, nichts aus der Isidorischen Fabrike herzuholen, und mit der Skolastiker Zunft gar nicht sich plagen zu wollen; als wenn die katholischen Polemiker meistens nur aus diesen Quellen geschöpfet, und pur mit skolastischen Wörteleyen die Ohrenbeichte verfochten hätten. Wie wenig muß H. E. mit den gründlichen Gottesgelehrten seiner Kirche bekannt seyn! doch wer abschreibt, den nach-

―――――――――

(a) Tournel. Tom. I. de Confess. pag. 319.

nächsten besten Polemiker abschreibt, kann leicht sein Versprechen halten. Er darf nur die Stellen der Väter zusammen setzen, die diese arbeitsamen Männer als Einwürfe gegen die Ohrenbeicht ihren Werken einverleibt haben. H. E. hat es sehr fleißig gethan. Thebis nutritus, an Argis?

§. 14.

Doch ehe er die Liste seiner abgeschriebnen Urkunden anfängt, schicket er die Bestimmung des Wortes Buße, Vergebung voraus; und anstatt eine klare Bestimmung, eine historische Unterscheidung davon hinzusetzen, wie es Tournely im Anfange seiner Abhandlung von der Buße gemacht hat, woraus H. E. seine Urkunden um einige Seiten hätte bereichern können; nennet er die Kirchenbuße überhaupt, nach einem metaphorischen Ausdrucke des Tertullians, eine Genugthuung des Unrechts, welches der Kirche widerfahren ist: als wenn die Kirchenbußen meistens wegen den den Heyden gegebenen Aergernissen, und nicht vorzüglich wegen

wegen der beleidigten Gottheit wären aufgelegt worden. Was kann man sich redliches von einem solchen Manne versprechen, wider dessen Bußbestimmung die Homilien der gelehrtesten Väter, die Geschichte des ganzen Alterthums, und die bekanntesten Bußregeln der orient- und occidentalischen Kirche streiten? von einem Manne, der die wichtigsten Untersuchungen und Folgen auf ein falsch bestimmtes Wort gründet, da sich alle übrige Gottesgelehrte alle erdenkliche Mühe geben, dessen vielfachen Verstand zu unterscheiden, und in einer so wichtigen Frage alle Zweydeutigkeit zu vermeiden? Aptat quadrata rotundis.

§. 15.

Folglich ist es falsch, daß die katholischen Polemiker, wie H. Abschreiber §. 13. behauptet, die kirchliche, die politische Sündenvergebung mit der übernatürlichen vermenget. Der Vater Tournely rechtfertiget dieselben in seinem zweyten Buche de Pœnitentia vollkommen, und führet die größten Gelehrten an, die H. E. hätte nachlesen sollen, bevor er den Gelehrten seiner Kirche berley falsche Gesinnungen und Unrichtigkeiten aufbürdet. — Eben so hätte er mit seiner Abhandlung von dem Ablasse können zu Hause bleiben. Hundert weit gründlichere Schriften über diesen Stoff hätten ihm Zeit und Papier ersparen können: vielleicht habe ich nächstens Gelegenheit eine gründliche Abhandlung hierüber dem christlichen Volke zu liefern von einem berühmten französischen Bischofe, der hierüber seine Heerde heilsam und klar unterrichtet. — Wir rathen H. E. aus christlicher Liebe, doch nicht immer mit deutschen Fragen über die bedenklichsten katholischen Streitpunkte das gläubige Volk zu ärgern; oder dieselben mit größerer Redlichkeit, und minderer Verachtung der Gelehrten seiner eigenen Kirche niederzuschreiben. Nisi utile est, quod facimus, stulta est gloria.

§. 16.

Falsch ist auch, was §. 14. von dem Worte Exomologesis behauptet wird; daß es nämlich allezeit eine ganze Handlung der öffentlichen Buße geheißen. Tournely setzet es klar auseinander, und aus dem nämlichen Petavius, den Herr Abschreiber für sich braucht, beweist er, daß es auch eine besondere Beicht bisweilen geheißen. „Ich „läugne nicht, sagt Petav, daß das Wort „Exomologefis bisweilen eine wahre, sa= „kramentalische, und folglich heimliche Sün= „denerklärung geheißen.„ (a) Wo Petav zugleich eine patrologische Regel hinzusetzet, wie man die Väter über den Gebrauch dieses Wortes verstehen soll. Allein H. E. hat eine eigene Patrologie für sich. Sic volo, sic jubeo, stat pro ratione voluntas.

§. 17.

(a) Neque inficior, quin Exomologefis interdum veram & Sacramenti propriam, adeoque privatam peccatorum expositionem significet. Pet. apud Tourn. Tom. I. de Pœnit. pag. 310.

§. 17.

Der Gebrauch der öffentlichen Buße wird §. 15. erkläret; aber nicht mit solcher Redlichkeit, mit welcher ein Ehrenmann es thun sollte. H. E. will nichts anders daraus beweisen, als daß niemand dazu sey gezwungen worden: da doch eben die öffentliche Buße allen gründlichen Gottesgelehrten ein nachdrücklicher Beweis der vorgegangenen heimlichen Beicht ist, und eine Vorbereitung zu der übernatürlichen Lossprechung für die damaligen Kirchenvorsteher gewesen, wie Tournely gegen den Dalläus unwiderleglich dargethan, und Fleuri Tom. 8. hist. §. 8. Dissert. prælim. bündig auseinander gesetzt hat. H. E. ist mit bloßen Citationen zufrieden, wo ihm die Texte nicht in Kram taugen, wie jene des H. Fleuri, der die öffentliche Buße nicht nur für eine politische Kirchenstrafe; sondern für das Mittel einer wahren gründlichen Bekehrung hält. Sectatur nomina, non rem.

§. 18.

§. 18.

Den auffallendsten Widerspruch schreibt H. E. §. 16. nieder; wo er in einem Athemzuge behauptet: — Es seyen in den ersten Zeiten keine andere Kirchenbußen gewesen, als die öffentlichen, und man habe nichts von auferlegten Privatbußen gewußt, ausgenommen in besondern Fällen, wo die Ehre des Sünders mit großem Nachtheile, und den übelsten Folgen gelitten hätte. — Also gabs doch Privatbußen, und sicher viele; also wußte man etwas davon, und, was Tournely daraus wider den Dalläus schließt, also war die heimliche Beicht der heimlichen Sünden in der ersten Kirche schon üblich. Denn wie hätten sonst Privatbußen können aufgeleget werden? Autorem feriunt tela retorta suum.

§. 19.

Ganz gewiß der Eifer der ersten Christen war so groß, daß viele, wie §. 17. gesagt wird, auch nur mit geringen Sünden bela-

beladen, oder gar ohne Verbrechen sich der öffentlichen Buße unterwarfen. Nun aber wer urtheilte die geringern Sünden? wer erklärte ein frommes Gewissen vollkommen Schulden frey? setzet sich H. E. nicht wieder selbst das Messer an die Kehle, und beweist wider seinen Willen, daß die heimliche Beicht, auch der geringern Sünden, auch der chri[stli]chen Vollkommenheit wegen in den ersten Zeiten schon gebräuchlich gewesen seyn? Stulti dum vitant vitium in contraria currunt.

§. 20.

Endlich will H. Abschreiber §. 18. schließen, 1. die größere Anzahl der Priester, 2. der Anfang so vieler Beichtstühle, und 3. die Nothwendigkeit der heimlichen Beicht seyen blos aus der Aufhebung der allgemeinen öffentlichen Bußen, oder, was eines ist, aus der Nachsicht der Bischöfe entstanden, die sich nur einige wichtige Fälle vorbehielten; oder, noch klärer nach den Eibelichen Absichten, das politische Bußgericht seye

seye nach und nach ein übernatürliches, ein sakramentalisches geworden. Wie schlau!! — Gerade das Gegentheil hätte eine gesunde Logik daraus ziehen sollen. Nämlich die Lauigkeit, die Misbräuche, die Unwissenheit der spätern Zeiten habe die Kirche gleichsam genöthiget, die auferlegten Strengheiten in etwas zu ändern, und den Priestern in dem heimlichen Bußgerichte die Strafen, die Genugthuung zu überlassen, mit dem ernsten Wunsche, die alten Bußregeln beständig vor Augen zu haben, und nach Möglichkeit denselben gemäße Bußen aufzulegen. So lehret eine ganze katholische Welt, so sprechen die Geschichtschreiber, die Lehrer aller katholischen Sprachen und Schulen. H. E. hat also das Pferd hinten aufgezäumt, und geschlossen: die öffentliche Buße hat aufgehöret; mithin ist die heimliche Beicht daraus entstanden. Da er hätte schließen sollen: die öffentliche Buße ist abgeändert worden; mithin ist die heimliche geblieben; oder die Kirche hätte gar keine mehr. Scribendi recte sapere est & principium & fons.

B 5 §. 21.

§. 21.

Nichts desto minder schmeichelt sich H. E. §. 19. unwiderleglich dargethan zu haben, die öffentlichen Bußen seyen nichts anders als politische Genugthuungen des der Kirche zugefügten Unrechtes gewesen; und glaubet hinter dieser papiernen Schutzmauer sicher zu stehen. Darum eilet er mit hochmüthigen Schritten fort, sein Versprechen zu erfüllen, und zu zeigen, was bey den Vätern in Ansehung der übernatürlichen Vergebung zu lesen sey. Lassen wir ihn doch recht laut schreyen; wies doch auch gerathen mag? At ipse tibi nunquam judice te placeas.

§. 22.

Freylich hat H. E. versprochen, nichts aus verdächtigen Quellen zu schöpfen, und dennoch fängt er an mit einer langen Stelle aus dem Tertullian: glaublich schrieb er sie dem Buchdrucker zu liebe her, um seine Urkunden um ein Blättchen zu vergrößern. Denn er bekennet selbst, ein Katholik könne

einem

einem Tertullian nicht so gerade hin seinen Beyfall geben. Aber warum setzt er ihn dann her? Nicht wahr — semper aliquid haeret?

§. 23.

Eben so, was soll der Spruch des Novatianers Alesius in dem 21. §. da thun? — Wir vermuthen, es seye aus Liebe zum griechischen Texte geschehen, den H. E. in der Ursprache hinschreiben wollte: da er die Texte der andern griechischen Väter beynahe alle lateinisch zu geben sich verdemüthigte; weil sie von Tournely und andern Polemikern meistens auch in dieser Sprache nur angebracht wurden.

§. 24.

Nun kommen die entlehnten Bruchstücke nach der Ordnung, und wir haben nichts anders zu thun, als den einzigen Tournely aufzuschlagen, der uns die Antwort auf alle Dalläisch-Eibelische Texte zeigen, und die kläresten Gegentexte liefern wird. Nach der Lehre

Lehre dieses alten Sorbonikers, und nach der wahren Patrologie handelt der H. Cyprian, (*a*) der §. 22. wider die priesterliche Versöhnung und Lossprechung angeführt wird, nur von jenen Bischöfen, welche gar zu gelinde waren bey der Lossprechung der Sünder, und öfters ohne die hinlängliche Beweise einer wahren Bekehrung die Sünder zum Tische des Herrn ließen. — Dergleichen Richter konnten freylich nicht die Sünder losbinden; sondern fesseln sich selbst nach dem Ausdrucke des H. Ambrosius. Cyprian hätte sich selbst widersprochen, falls er, nach dem Dalläisch-Eibelischen Verstande, den Priestern die Lossprechungsmacht nicht zuerkannt hätte; da er sogar diejenigen lobet, welche auch die Gedanken des Abfalles den Priestern geoffenbaret haben, und

---

(*a*) Confiteantur singuli delictum suum, dum adhuc qui deliquit in seculo est, dum admitti ejus Confessio potest, dum satisfactio facta per Sacerdotes apud Dominum grata est. S. Cypr. apud Tourn. Tom. I. de Pœnit. pag. 335.

und endlich schließet: — Ein jeder soll also seinen Fehler bekennen, da er noch lebet, da seine Beicht noch kann angenommen werden, da die von den Priestern auferlegte Genugthuung Gott noch angenehm ist. Ergo — aut famam sequere, aut tibi convenientia finge.

§. 25.

Nicht anders muß der Text des H. Firmilians verstanden werden; denn dieser H. Bischof saget nicht, daß die Bischöfe und Aeltesten die Sünden gar nicht vergeben können; sondern nur, daß sie zuvor suchen müssen, die Sünder vorzubereiten, um nachdem von Gott, durch die Priester, die Nachlassung zu erhalten. Wie billig könnte der H. Cyprian hier über die Eibelische Grundsätze aufrufen, wie vormals über die Novatianer, welche der Kirche eben so die Gewalt der Losbindung absprachen! — O schnöder Betrug der armen Weinenden! (das ist der Büßenden) o unwirksame und eitle Uebergabe einer ketzerischen Erfindung! zu der Buße

Buße anmahnen, und doch die Arzeney der Buße entziehen! (a) — In solchem Verstande müssen noch viele Sprüche genommen werden, die wir bey Afrikanischen und Numidischen Bischöfen finden, die zu ihren Zeiten sich wegen zu großer Gelindigkeit von den Novatianern nichts wollten vorwerfen lassen. Sic voluere Patres.

§. 26.

Der H. Basilius saget zwar §. 24. von der Buße des Davids, er habe nicht viele Worte zur Buße oder zur Beichte gebraucht: weil nämlich damals noch keine Beicht gestiftet gewesen, und Gott selbst dem königlichen Bußpropheten Nathan den Zustand des sündhaften Königs entdeckt hatte. Wie mag doch

---

(a) O frustrandae fraternitatis irrisio! o miserorum lamentantium caduca deceptio! o haereticae inſtitutionis inefficax & vana traditio! hortari ad ſatisfactionis pœnitentiam & ſubtrahere de ſatisfactione Medicinam. Cypr. apud Tourn. Tom. II. de Pœnit. p. 49.

doch H. Abſchreiber ſich ſelbſt ſo vergeſſen, und altteſtamentiſche Beyſpiele gegen die neuteſtamentiſche heimliche Beichte anziehen? Der Vater Tournely ſagt ihm ja ausdrücklich, der H. Baſilius rede hier von der erſten und nicht von der letzten. (*a*) Ganz anders redet der H. Lehrer von der neuteſtamentiſchen Buße bey dem nämlichen Tournely. Die Sünden, ſpricht er, müſſen wir denjenigen bekennen, welchen die Ausſpendung der göttlichen Geheimniſſe anvertraut iſt. (*b*) Wie aufrichtig doch der H. Regierungsrath mit den HH. Vätern umgeht! Heu! nocet fraus mendaci comta colore.

§. 27.

(*a*) Quod vero S. Baſilius loquatur de veteri lege, vel ipſum exemplum Davidis, quem eo loco inducit loquentem, aperte demonſtrat. Tourn. Tom. I. de pœnit. fol. 366. obj. 3.

(*b*) Peccata iis confiteri neceſſe eſt, quibus myſteriorum Dei concredita diſpenſatio eſt. ibid.

§. 27.

Den H. Ambrosius, nach dessen Worten die Sünden des H. Petrus ohne Beichte sind nachgelassen worden, erklärt V. Tournely ganz gründlich von der vollkommenen Reue, die auch ohne Beicht um so vielmehr die Sünden des ungetreuen Apostels ausgelöscht; da der Heiland selbst ihm Beweise von der Wirksamkeit seiner Reue gegeben, und ihm beynahe, wie dem sündigen Weibe, die Nachlassung seiner Sünden verkündet hat. Von der Buße anderer, die dieses Glück, und diese Beweise ihrer vollkommenen Reue nicht haben, redet der Mayländsche Bischof bey unserm lieben Tournely aus einem andern Tone. — — Willst du gerechtfertiget werden, so bekenne deine Verbrechen: denn ein ehrfurchtsvolles Geständniß löset die Fesseln der Sünde auf. — — Sind seine Worte, (a) mit noch mehrern Texten

―――――

(a) Si vis justificari, fatere delictum tuum: solvit enim criminum nexus verecunda Confessio peccatorum. Apud Tourn. l. cit.

Texten an dem nämlichen Orte. Tolle, lege.

§. 28.

§. 26. kömmt die Reihe an den H. Chrysoſtomus, deſſen Text ohne Antwort wieder aus dem Tournely rein abgeſchrieben worden. Wo der Sorboniſche Schulpapa weitläuftig erklärt, wie die Ausdrücke dieſes griechiſchen Vaters zu verſtehen ſeyen; wenn er ſagt, man ſolle Gott, nicht den Menſchen, in der Stille ſeines Herzens, und nicht auf einer öffentlichen Bühne beichten. Nämlich Chryſoſtomus beziehet ſich auf die Art, mit welcher die griechiſchen Prieſter ihre Beichtende anreden, da ſie ſagen: — — Mein Bruder! Warum biſt du zu Gott und mir hergetretten? Schäme dich nicht; denn nicht mir, ſondern Gott, vor dem du ſtehſt, erzähleſt du deine Sünden. — — (a) So ſind

---

(a) Frater! ut quid ad Deum & me acceſſiſti? Ne verearis; non enim mihi, sed Deo, coram

sind bey ihm noch mehrere andere Erklärungen nach der richtigsten Patrologie, nach welcher Chrysostomus sich schändlich widerspräche; wenn er gelehret hätte, daß man Gott allein ausschließlich beichten müsse: da er in der Homilie von der Samaritaninn lehret; — — Ahmen wir dem Samaritanischen Weibe nach, und schämen wir uns nicht der eigenen Sünden wegen; denn wer sich schämet, die Sünden einem Menschen zu entdecken, nicht beichten, und Buße thun will, wird an jenem Tage nicht vor einem oder zweenen, sondern vor der ganzen Welt beschämt werden. — — (a) Unverschämtere Diebstähle, boshaftere Stümmlungen kann

---

ram quo ftas, peccata tua enuntias. Goar. apud Tournel. l. cit. f. 365. & 66.

(a) Imitemur nos mulierem Samaritanam, & ob propria peccata non erubefcamus, qui enim homini detegere peccata erubefcit, neque confiteri vult, & pœnitentiam agere; in die illa non coram uno vel duobus, sed universo orbe fpectante traducetur. Apud Tourn. l. c. pag. 337.

kam man sich schwerlich vorstellen: und doch getrauen sich solche Leute Urkunden aus dem Alterthume zu schreiben? Æs triplex circa pectus!!!

§. 29.

Der H. Abschreiber hat aber schon wieder vergessen, daß er keine Beweise aus dem alten Bunde brauchen wolle; indem er §. 27. mit dem H. Augustin aufziehet, welcher von der Buße des Davids sagt, er habe ohne Bekenntniß Nachlassung erhalten. Der V. Tournely weist ihn auf die Antwort für den Text des H. Basilius und H. Ambrosius §. 26. und 27. zurück, (Tom. cit. p. 338.) und läßt den H. Augustin nicht nur für die öffentliche, wie Dallaus will, sondern auch für die heimliche Beicht also reden: — — Thut Buße, wie man sie in der Kirche verrichtet; damit die Kirche für euch bethe. Niemand sage zu sich selbsten, ich thue sie heimlich, ich thue sie vor Gott: Gott, den ich um Verzeihung bitte, weiß es, daß ich im Herzen büße. — Sind also die Schlüssel ohne Ursache der Kirche gegeben werden? Dürfen wir so das Evangelium Gottes, das Wort Christi zernichten? — — (a) Sollte einem nicht die Geduld ausgehen bey solchen sophistischen Verdrehungen? Quis talia fando temperet!

§. 30.

Der Kirchenrath von Challon meldet zwar in dem 22. Kanon nichts von der heimlichen Beichte, und redet von den Meynungen derjenigen, welche damals die heimliche Beichte anstritten. Nichts desto minder fodert er in der Aufschrift des 33. Kanons, daß man Gott und den Priestern die Sünden

---

(a) Agite pœnitentiam, qualis agitur in Ecclesia, ut oret pro vobis Ecclesia. Nemo sibi dicat: occulte ago, apud Deum ago. Novit Deus, qui mihi ignoscat, quia in corde meo ago. — Ergo sine causa sunt claves datæ Ecclesiæ Dei? frustramus Evangelium Dei? frustramus verba Christi? Apud Tourn. l. cit. pag. 343.

den bekennen müsse. (a) Wieder alles aus dem verhaßten Sorbonnischen Schulfuchse.

§. 31.

Der H. Hieronymus läugnet nichts wenigers als die Lossprechungsmacht den Priestern ab: Er tadelt nur den Stolz derjenigen, die ohne auf die Besserung Acht zu haben, sich brüsten wollen, die Sünden vergeben zu können. H. Eibel dichtet dem H. Vater Falschheiten an; da er dessen Ausdruck: — Cum apud Deum non sententia Sacerdotum, sed reorum vita quæratur — §. 29. also übersetzet: — Da es doch bey Gott nicht auf den Ausspruch der Priester, sondern den Lebenswandel derer, so für schuldig erklärt worden, Allein ankömmt. — Mit solcher Redlichkeit hat gerade Luther die Bibel übersetzt, und das Wörtchen allein dem

---

(a) Can. 33. cui titulus, quod Deo & Sacerdoti confitenda sint peccata. Apud Tourn. l. cit. pag. 371.

dem Glauben hinzu geflickt: Sed magna ingenia conspirant!! — Der Vater Tournely läßt weit aufrichtiger den H. Hieronymus sprechen: — — — Weit von mir! daß ich was Unrechtes von denjenigen sage, die als Nachfolger der apostolischen Würde, den Leib Christi mit geheiligtem Munde wandeln, durch die wir auch Christen sind, welche die Schlüssel zum Himmelreiche haben, und auf eine gewisse Art vor dem Gerichtstage richten. — — (a) Hier möchte ich die Stärke des Bethlehemitischen Vaters besitzen, um den H. Regierungsrath nach Verdienste geißeln zu können. Allein die Früchte lassen sich durch Stoßen und Reiben von ihren Hülsen trennen; Thoren nicht von ihrer Thorheit. (b)

§. 32.

(a) Absit, ut de his quidquam sinistrum loquar, qui apostolico gradui succedentes Christi corpus sacro ore conficiunt, per quos & nos Christiani sumus: qui claves regni coelorum habentes quodammodo ante judicii diem judicant.

(b) Si contuderis stultum in pila quasi ptisanas, non auferetur ab eo stultitia ejus. Prov. 27. 22.

§. 32.

Mit gleicher Unredlichkeit wird §. 30. der ehrwürdige Beda behandelt. Er behauptet nicht, sagt der Vater Tournely, daß unsere Sünden ohne Beicht von Gott nachgelassen werden; sondern nur, daß die Sünder nicht nothwendig haben, nach den damaligen Kirchengebräuchen eine öffentliche Buße auszuhalten. Ganz anders drückt er sich aus in seinem Buche von der Buße; wo er die Priester ermahnet, mit welcher Bescheidenheit und Klugheit sie mit den Bösen nach angehörter Schwere und Verschiedenheit der Sünden umgehen sollen. (a)

§. 33.

Endlich nimmt H. Eibel §. 31. eine andere Wendung, und will haben, die Väter sowohl, als die Kirchenräthe hätten nur blos wegen der Anleitung und dem Unterrichte, nicht

―――――――――――――――

(a) Torn. l. cit. p. 372.

nicht aber wegen der übernatürlichen Los⸗
sprechung so viele heilsame Satzungen ge⸗
macht, nur darum die besten Aerzte den
Sündern vorgeschlagen; daß sie ihnen blos
erklären sollten, mit welchem Fieber sie be⸗
haftet wären; nicht aber, daß sie kraft ihrer
priesterlichen Macht dasselbe vertreiben soll⸗
ten: wenn anders des Büßers Herz genug⸗
sam dazu vorbereitet gewesen. Schlauheit
und Bosheit stimmen hierinnen vollkommen
zusammen. H. Eibel merkt, daß die große
Vorsicht der Alten in Leitung der Büßen⸗
den nicht so leicht die Obsorge der Sünder
einzig und allein, sondern auch eine gewisse
vom göttlichen Richter gegebene Losspre⸗
chungsmacht müsse zum Grunde haben: dar⸗
um trachtet er diesem Hiebe künstlich aus⸗
zuweichen, und legt die hergeschriebenen
Texte nur von einem Stücke, nicht aber zu⸗
gleich (wie er doch nach einer gesunden Pa⸗
trologie hätte thun müssen) von dem andern
aus: nimmt dadurch Gelegenheit, die Mis⸗
bräuche heutiger Zeiten durchzulassen, und
die Wesenheit der Beichte durch Nebendin⸗
ge, die freylich sollten verbessert werden, lä⸗
cher⸗

cherlich, verdächtig zu machen. Wir wollen ihm auf dem Fuße nachfolgen. — Wir gestehen also, daß Basilius §. 31. alle mögliche Aufrichtigkeit bey dem Bekenntnisse der Sünden fordere, und die Sache gar schicklich mit der Aufrichtigkeit eines Fieberhaften vergleiche, der nur jenen, die ihn heilen können, nicht andern, alle Umstände seiner Krankheit erkläret. Wir behaupten aber auch, daß dieses nicht wegen der Leitung allein, sondern auch wegen der noch wichtigern priesterlichen Lossprechung geschehe. Ja das Gleichniß ist nach katholischer Lehre viel passender, als nach der Auslegung des H. Eibels: denn nach jener spricht der Priester durch seine, von Gott ihm verliehene Macht, wahrhaft los; gleichwie der Arzt den Kranken durch seine, von Gott erlangte Kunst, wahrhaft gesund macht. Ey, daß wir doch keinen Arzt finden können für das todtkranke Hirn unsers H. R. R. Eibels! Naviget Anticyras!!

§. 34.

Wir finden diese Antwort auch geschickt auf den Text des Origenes, welcher dem §. 32. aus den nämlichen Absichten ist angehängt worden. Daß aber dem guten H. Eibel (nach seiner Note) die Haut schaudert; wenn er in manchen Beichtstuhl hineinsieht, kann aus zweyerley Ursachen geschehen: die erste wird ihm allein bekannt seyn; die andere hat er mit allen klugen Katholiken gemein, die von Herzen wünschen, alle Misbräuche der Unwissenheit, alle Grundsätze einer zu gelinden Sittenlehre möchten längstens schon aus der Kasuistik ausgemustert seyn, und dieses so wichtige Amt möchte nur Männern anvertrautt werden, die mehr, als nur einige skolastische Weidsprüche auswendig wissen, und auch solche möchten vor den Jahren der reifern Vernunft nicht auf die heiligen Richterstühle hingesetzt werden. — Doch alle diese Misbräuche sind kein Beweis wider die Hauptsache, von welcher hier die Frage ist: und die meisten Bißthümer Europens sind wirklich sehr aufmerkmerksam auf die Ertheilung der Erlaubniß Beichte zu hören. Ich habe eine Sammlung von sogenannten Formaten der berühmtesten Diöcese Frankreichs und Deutschlands beysammen; in allen wird der Geist der ersten Kirche mit den Bußregeln der alten Christenheit auf das nachdrücklichste anbefohlen.

§. 35.

Tournely setzt aus dem Dalläus noch mehrere her, die in dem mittlern Alter wie Theodulfus gedacht, und bisweilen die Nothwendigkeit der sonderheitlichen Beichte in Zweifel gezogen haben. Weil sie meistens in Zeiten lebten, in welchen die öffentliche Buße nach und nach in Abgang gerieth, und einigen Anlaß gab, das nämliche von der heimlichen zu behaupten, oder weil die meisten glaubten, die vollkommene Reue tilge die Sünden auch vor der priesterlichen Lossprechung. Wohin der Ausdruck des Theodulfus ziemlich wahrscheinlich abzielet, da er sagt, — je mehr wir unserer Sünden

den eingedenk seyn, desto mehr vergesse Gott derselben. (a)

§. 36.

Diese Absichten hatte auch der Kirchenrath zu Pavia in der Mitte des neunten Jahrhunderts, das ist, nicht nur allein den Zustand der Sünder fleißig zu untersuchen nur wegen der Vorschreibung der nothwendigen Bußen; sondern auch wegen der damit verknüpften wichtigen Lossprechung: wie H. Eibel in dem gleich darauf folgenden siebenten Kanon dieses Conciliums hätte lesen können und sollen. Es heißt darinn: —— Die Stadt- und Landpriester sollen fleißig Acht haben, wie die Büßenden ihre vorgeschriebene Buße verrichten. — Wie ihre Reue, wie ihre Thränen beschaffen seyn, damit sie ihnen die Bußzeit darnach verkürzen

---

(a) Quanto magis nos memores sumus peccatorum nostrorum, tanto horum Dominus obliviscitur. C. 30. Tom. II. Conc. Gall. pag. 219.

jen oder verlängern. Die Versöhnung aber soll nicht von den Priestern, sondern von dem Bischoffe allein geschehen; wie es in den ältern Satzungen vorgeschrieben ist: außer, wenn in der Todesgefahr, oder in der Abwesenheit des Bischofes, der Büßende mit Gottseligkeit die Versöhnung verlangt. — (a) Woraus erhellet, daß die sakramentalische Lossprechung mit der politischen oder öffentlichen Kirchenbuße verbunden gewesen. Aus eben diesen Absichten sind so viele andere Aufsätze der Bußregeln, Bußbüchern, Schriften von Lastern, Tugenden, Genugthuungen ꝛc. bekannt, die alle nicht nur allein die bloße

---

(a) Urbis rurisque Presbyteri super pœnitentibus invigilabunt, ut perspiciant, quemadmodum impositam pœnitentiam peragant. — Quæ eorum contritio, quæ lacrymæ, ut iisdem pœnitentiæ tempus imminuant aut protrahant. Reconciliatio vero non a Presbyteris, sed ab Episcopo solum fiet; prout in veteribus canonibus præscriptum est: nisi mortis periculum adsit, aut Episcopus absit, & pœnitens cum pietate reconciliari petierit. Conc. Pav. Can. 7.

bloße Leitung der Büßenden, sondern auch die Lossprechung derselben sicher machen wollten.

§. 37.

Was H. Eibel §. 35. daher schwatzt, ist ein unglückliches Korollarium des Vorhergehenden. Die Väter und Kirchenvorsteher der ersten Zeiten waren freylich in keiner so großen Verlegenheit wegen den Büßenden, wie die Väter und Priester der spätern Zeiten; doch nicht darum, weil die Sünder sich nicht offenbaren mußten, sondern weil der Eifer der ersten Christen unvergleichlich größer, die Fälle weit seltener, die Kirchensprengel und Pfarreyen nicht so zahlreich gewesen; und vorzüglich, weil nicht alle schwere Sünden mit der öffentlichen Buße belegt wurden; wie der Vater Tournely in seinem II. Tom. de Pœnit. p. 74. &c. richtig darthut. Wo er das, was H. Eibel aus dem Morinus abgeschrieben, gründlich widerlegt. p. 114. Tom. II. de Pœnit. Wo er desselben Worte für die heut gewöhnwöhnliche Beichte anziehet. Die Kirche, sagt dieser Gelehrte bey Tournely, gieng mit den minder schweren Todsünden eben so um, wie sie wirklich beynahe mit allen Todsünden verfährt: denn die Heilung derley Sünden war dem Gutachten des Priesters überlassen, und nichts sonderbares war darüber in den Kirchenregeln festgesetzt. So viel ich durch Lesung und Nachforschung entdecken können (bekennet Morinus an dem nämlichen Orte) so sind diese Sünden von der Kirche behandelt, und gebüßet worden auf die nämliche Weise, wie seit 400 Jahren her schier alle Todsünden, nach der Schullehre, und von der Kirche gut geheißenen Uebung, besorgt wurden. (*a*) Folglich fand Mori-

---

(*a*) Peccata mortalia minus gravia eodem plane modo curabat, (Ecclesia) quo nunc universa fere mortalia curare solet: illorum enim curatio peccatorum Sacerdotis erat arbitrio commissa, nec a canonibus specie præcepta. — *& infra* — Peccatorum hoc genus (die minder schwerere Todsünden) quantum diligenter legen-
do

Morinus in den Urkunden des Alterthums die heimliche Beicht von einigen der öffehtlichen Buße nicht unterworfenen Sünden; folglich müssen die Väter nicht allein von einer öffentlichen politischen Buße verstanden werden; folglich hätte der H. Regierungsrath den Vater Tournely redlicher abschreiben, oder besser lesen sollen. Was H. Abschreiber von den läßlichen Sünden sagt, gehört gar nicht zur Sache, und als ein nur wenig erfahrner Katholik wird er doch den Unterschied der tod- und läßlichen Sünden nicht den neuern Kasuisten zuschreiben.

§. 38.

do & inquirendo consequi potui, eodem plane modo ab Ecclesia curatum & punitum est, quo ab annis quadringentis ad hunc usque diem omnia fere peccata mortalia legimus ex Doctorum Scolasticorum præceptis & Ecclesiæ approbata praxi curata fuisse. Ita Morin. apud Tourn. loc. cit.

§. 38.

Aus dem, was §. 36. niedergeschrieben worden, folget nicht mehr als, daß für gewisse Sünden die öffentliche Buße nur einmal sey gestattet worden, und daß eine vollkommene Reue den Abgang der priesterlichen Lossprechung ersetzen könne: wie Tournely dieses hinlänglich beweist Tom. II. de pœnit. Art. V. de unitate pœnitentiæ publicæ. — Daß doch H. Eibel so unfleißig im Nachlesen gründlicher Schriftsteller ist. Allein wer die Wahrheit nicht finden will, suchet sie nicht bey ihren Quellen. Qui male agit, odit lucem!

§. 39.

So gewiß demnach die schwerere, der öffentlichen Buße nicht unterworfene Sünden müssen hergezählet werden, so sicher müssen die Sünder, die sie begangen haben, nicht nur, wie Herr Abschreiber §. 37. will, wegen aszetischen Unterrichtungen, sondern auch wegen der priesterlichen Lossprechung

D ihre

ihre Sünden erklären. Und der H. Ambrosius ist gewiß jenen leichten Beichtvätern entgegen, die nur mit fünf Vater Unser die größten Sünden belegen: aber sein ausgeschriebener Spruch will nichts anders sagen, als daß die sakramentalische Lossprechung nicht ehender soll gegeben werden, bis der Sünder durch die öffentliche Buße, in den vorgeschriebenen Fällen, Beweise seiner Besserung gegeben, wie es die Kirche heute noch den Beichtvätern einschärfet, nicht so gelind mit der Lossprechung zu seyn, und in Ansehung der Büßer allezeit die alten Kirchenbußen vor Augen zu haben. Ich müßte hier ganze Stellen aus dem Kirchenrathe von Trient, aus dem H. Karolus Borromäus, und allen gründlichen Kasuisten herschreiben: doch der Vater Tournely erkläret das für H. Eibel genug an zerschiedenen Orten, und leget nach diesem Sinne die Worte des H. Ambrosius ganz ungezwungen aus. Tom. II. Pœnit. pag. 46.

§. 40.

§. 40.

Es ist falsch, daß der Aelteste, von welchem Sokrates redet, die Büßer zur öffentlichen Buße allein dem Bischofe vorbereitet habe, wie H. Abschreiber §. 38. behauptet: Tournely sagt, es seye wegen der Nothwendigkeit der vorzuschickenden heimlichen Beicht geschehen, und beweist dieses sonnenklar aus dem Sozomenus, welcher in diesem Stücke aufrichtiger ist als Sokrates, den Petavius selbst wegen der Novatianischen Ketzerey in Verdacht hat. Sozomenus spricht also: — Da, um die Verzeihung zu erhalten, die Sünde nothwendig muß gebeichtet werden, so schien es ganz billig Anfangs schwer und überlästig, den Priestern seine Sünde, gleichsam auf einer Schaubühne vor der ganzen Kirche zu erklären. Darum haben sie einen aus den Aeltesten, dessen untadelhaftes Leben, Verschwiegenheit und Klugheit am ansehnlichsten war, diesem Amte vorgesetzt. (a)

Unwi-

(a) Cum in petenda venia peccatorum necessario confiteri oporteat, grave ac molestum

Unwiderleglich behandelt der Vater Tournely diese Stelle des Petavius Tom. II. de Pœnit. pag. 352. &c. Das heißt doch unglücklich abschreiben!

§. 41.

Mit gleicher Unschicklichkeit redet H. Abschreiber von dem H. Leo, und der V. Tournely zeiget ihm Tom. II. de Pœnit. pag. 113. daß es nur die Rede sey von öffentlichen Beichten solcher Sünden, die nicht von den ältern Kirchensatzungen dazu bestimmt waren, und die dem bekennenden Sünder leicht grossen Schaden hätten zuziehen können; wenn er die Sünden vor seinen Feinden oder weltlichen Richtern hätte beichten müssen. Nun diesen

---

ab initio jure merito visum fuit Sacerdotibus, tanquam in theatro circumstante totius Ecclesiæ multitudine, crimina sua evulgare. Itaque ex Presbyteris aliquem, qui vitæ integritate spectatissimus esset, & taciturnitate & prudentia polleret, huic officio præfecerunt. Sozom. apud Tourn. l. cit.

diesen Misbrauch hat der H. Papst Leo abgestellet. Daß aber dieser Papst den Priester nicht anderst, als einen Fürbitter, und nicht zugleich als einen Richter des Sünders angesehen habe, wie H. Eibel durch den größer gedruckten Text des gemeldeten Vaters zu verstehen geben will, ist eine plumpe Feinheit: da eben dieser große Papst von dem richterlichen Amte des Priesterthums die nachdrücklichsten Beweise liefert; wie ihn der liebe V. Tournely Tom. I. de Pœnit. p. 344. angeführet; wo der H. Lehrer das Wort Supplicatio selbst erklärt, und es (wie sonderbar die griechischen Väter gethan) öfters für die Lossprechung brauchet. Die Worte des Papstes Leo I. sind folgende: — Die vielfache göttliche Güte springt so den menschlichen Vergehungen bey, daß nicht nur allein durch die Gnade der Taufe, sondern auch durch die Arzeney der Buße die Hofnung des ewigen Lebens erneuert werde, damit jene, welche die Gnade der Wiedergeburt verletzet, sich durch ihr eigenes Urtheil schuldig erklärten, und die Nachlassung der Sünden erhielten: wo der gütige Gott diese

D 3 Ver-

Verfügung getroffen, daß die göttliche Nachlassung nicht anderst als durch die Lossprechung der Priester (welche in der lateinischen Kirche viele Jahrhunderte bittweis, formula deprecatoria geschah) erlangt werden könne. Denn der Mittler zwischen Gott und Menschen, und selbst auch Mensch hat den Kirchenvorstehern diesen Gewalt gegeben, daß sie den Beichtenden eine Bußart vorschreiben, und diejenigen zum Genusse der Sakramente durch die Thür der Versöhnung zulassen könnten, welche sich durch eine heilsame Genugthuung würden gereiniget haben. Und weiter unten: — Es ist sehr nützlich und nothwendig, daß die Sündenschuld vor dem Ende des Lebens durch die priesterliche Lossprechung getilget werde. (a)

Muß

(a) Multiplex misericordia Dei ita lapsibus subvenit humanis, ut non solum per baptismi gratiam, sed etiam per pœnitentiæ medicinam spes vitæ reparetur æternæ, ut qui regenerationis dona violassent, proprio se judicio condemnantes ad remissionem criminum pervveni-

Muß man hier nicht sagen: Insultat asinus Leoni mortuo?

§. 42.

Endlich nach vielen verdrehten Urkunden, oder besser nach allen abgeschriebenen Einwürfen gegen die Ohrenbeichte, greift H. Eibel die berühmte Verordnung der jährlichen Beichte des vierten Lateranischen Kirchenraths an, und will behaupten, diese Verordnung seye nicht nur gegen alle Urkunden der

---

venirent: Sic divinæ bonitatis præsidiis ordinatis, ut indulgentia Dei nonnisi supplicationibus Sacerdotum nequeat obtineri. Mediator enim Dei & hominum homo. J. C. hanc præpositis Ecclesiæ tradidit potestatem, ut & confitentibus actionem poenitentiæ darent, & eosdem salubri satisfactione purgatos ad communionem Sacramentorum per januam reconciliationis admitterent. *Et infra:* — Multum utile ac necessarium est, ut peccatorum reatus ante ultimum diem Sacerdotis supplicatione solvatur.

der alten Kirchenverfassung, sondern, was uns die HH. Protestanten schon lange vorwarfen, die eigentliche Epoche der Ohrenbeichte oder heimlichen Beichte. Allein wir haben seither gesehen, daß die Kirche nichts neues befohlen, sondern nur die natürliche und christliche Schuldigkeit sich zu bekehren, seine Sünden zu bereuen, mit einem Worte wenigstens einmal im Jahre zu beichten festgesetzt habe. Freylich ist diese Bestimmung etwas neues, aber die bestimmte Sache nicht. Die Kirche sah leider, daß mit den öffentlichen Bußen auch die heimlichen Bekehrungen nachließen, und folglich die Verhärtung in der Sünde, die Unbußfertigkeit unter den Christen immer mehr anwachse; die schönen Tage des ersten Eifers waren vorbey, kriegerische, dunkle Zeiten verbreiteten Bosheit und Unwissenheit über alle Stände und Alter: darum sah die Kirche sich gezwungen, die Beicht, zu welcher das göttliche und natürliche Recht einen jeden Sünder allezeit verbindet, doch wenigstens einmal in dem Jahre festzusetzen, und das, was seither der Willkühr der eifrigen Christen frey gestanden, bey

über-

überhand nehmender Lauigkeit als ein Kirchengeboth zu befehlen. Wo, nach dem B. Tournely, Tom. I. de Pœnit. p. 323., die Kirche so wenig die Beicht eingesetzet hat, als das Abendmahl; obschon sie die Gläubigen verpflichtet hat, alljährlich dabey zu erscheinen.

§. 43.

Die Glosse des kanonischen Rechtes ist so falsch, als die Ursache, aus welcher sie hergesetzet wird. Die Griechen beobachten nur darum die Beicht nicht alljährlich; weil sie diese Verordnung nicht haben, nicht aber, weil die Beichte der Todsünde nicht nothwendig ist. Und der B. Tournely behauptet mit Recht, daß der Glossator des Gratians in diesem Stücke nicht das mindeste Ansehen habe; indem er in vielen andern Dingen gestrauchelt.

§. 44.

Alles, was H. Eibel von §. 43. bis 48. aus dem Dalläus, oder aus dem Tournely

nely abgeſchrieben, hat eben dieſer Sorbonniſter auch ſchon widerlegt, und gezeiget: daß entweder das Anſehen des Gratians nichts auswirke gegen das Anſehen der älteſten Kirchenväter, oder daß Gratian in allen Stellen von der Beichte nicht die Beicht verſtehe, ſondern nur der vollkommenen Reue, welche der Beichte vorgehet, die Vergebung der Sünden zuſchreibe. Eben ſo gründlich antwortet Tournely über das Zeugniß des Seneka, und anderer vom Dalläus der Beichte entgegen geſetzter Gelehrten. Je nu! H. Eibel wollte nur die Einwürfe, nicht aber die Antworten abſchreiben.

§. 45.

Auch Tournely bekennet, wie Alexander Natalis, daß die Ohrenbeicht von vielen nach dem 9ten Jahrhunderte ſey angeſtritten worden: aber er beweiſt auch, daß man ſie allezeit widerlegt habe; wie die Worte des Petrus Lombardus klar anzeigen, da er ſagt: — — Aus dieſen und andern mehrern Gründen wird unzweifelbar erwieſen,

daß

daß man zuerst Gott, und darnach dem Priester die Beicht verrichten müsse, und anderst, wenn man Gelegenheit habe, könne man nicht in Himmel gelangen. — (a) Folglich hat der Kirchenrath zu Lateran nur die Zeit, nicht aber die Wesenheit der Beichte auf einen festen Fuß gesetzet, und der Kirchenrath zu Trient entschieden, was damals das erstemal von ganzen Sekten angegriffen worden.

§. 46.

Die nämliche Antwort ist beym V. Tournely bereitet auf alles, was H. Eibel aus dem Vanespen, aus dem berühmten Mabillon und andern nachplaudert, welche behaupten, daß sie in den ersten und mittlern

---

(a) Ex his aliisque pluribus indubitanter ostenditur, oportere Deo primum & deinde Sacerdoti afferre confessionem; nec aliter posse perveniri ad ingressum paradisi; si adsit facultas. Magister ap. Tourn. lib. I. de Poenit. pag. 377.

lern Zeiten die heutige Beichtart nicht gefunden. Denn entweder reden sie nicht allgemein, oder widerlegen diesen Einwurf durch andere Beweise, die offenbar die Wesenheit der heimlichen Beichte darthun. Zu diesem waren die Männer, die das Gegentheil behaupteten, niemals in großer Anzahl, und konnten noch als katholisch angesehen werden; da sie meistens ihre Meynung auf die vorhergehende Reue gründeten, und derselben die Nachlassung der Sünden zuschrieben. Alle diese Männer also haben der allgemeinen Lehre von der Beichte nicht geschadet, und die Kirche hat erst alsdann ausdrücklich von einer göttlichen Stiftung reden müssen; nachdem diese von ganzen getrennten Völkerschaften ist angefochten worden. Wie sie allezeit gethan, da sie niemals Geheimnisse unter dem Fluche des Bannes zu glauben befohlen, bis Irrlehrer gegen dieselbige aufgestanden sind.

§. 47.

§. 47.

Endlich wagt es H. Abschreiber von dem 54. §. bis 58. die Satzungen des Trientischen Kirchenraths theils zu tadeln, theils ihnen einen andern Sinn zu geben, theils sie als neue, der alten Lehre entgegen gesetzte, Verordnungen verächtlich zu machen, und folglich dem katholischen Volke mit verdeckten Worten zu sagen, was ihm Luther und Kalvin schon längstens gesagt haben, nämlich die Ohrenbeicht sey eine Erfindung der neuern Zeiten, keine göttliche Stiftung, und so weiter. — Auf dieses können wir keine schicklichere Antwort ertheilen, als wenn wir alles herschreiben, was Tournely für die Satzungen des Trientischen Kirchenrathes aus dem Estius wider den Dalläus sagt. — — Nachdem Estius das Zeugniß des Trientischen Kirchenraths in Ansehung der Ohrenbeichte gelobet, setzet er hinzu: — (a) Aus der Lehre der

---

(a) Ex qua Concilii Doctrina colligitur primum, non pertinere ad essentiam confessionis sacramen-

der Kirchenversammlung erhellet demnach erstens, es gehöre nicht zu der Wesenheit der Beichte, daß sie heimlich sey, und es sey auch kein göttliches Geboth hierüber ergangen; denn Christus hat nirgends verbothen, daß die Beicht nicht auch öffentlich geschehen könne. Ja die Worte des Kirchenraths erklären genug, daß sie löblich und nützlich auch öffentlich geschehen könne. Zweytens die öffentliche Beicht sey ebenfalls kein göttliches Geboth. Drittens die öffentliche Beicht solle durch kein menschliches Gesetz befohlen wer-

---

mentalis, ut sit secreta — deinde nec præcepti divini esse, ut secreto fiat; non enim vetuit Christus, aliqua lege, quin publice aliquando fieri posset: imo satis declarant Verba Concilii, posse etiam laudabiliter, & cum fructu eam publice fieri. Tertio publicam confessionem non esse præcepti divini. Quarto eandem non esse lege humana præcipiendam, postremo secretam confessionem tanquam a Patribus commendatam & perpetuo usu Ecclesiæ comprobatam omnino retinendam esse. Quod autem, *pergit Estius* Patres Con-

werden, und endlich die heimliche Beicht, welche die Väter anrühmen, und der beständige Gebrauch der Kirche bestättiget, solle rundum beybehalten werden. Da aber die Väter, fährt Estius fort, sowohl in dem Decrete, als in dem sechsten Kanon der nämlichen 14ten Sitzung bejahen, und entscheiden, die Weise einem einzigen Priester zu beichten, seye nicht der Einsetzung und dem Befehle Christi zuwider, wollen sie nicht sagen, als habe Christus diese Weise befohlen: denn hätte er sie befohlen, so hätte er auch noth-

---

Concilii tum in decreto, tum in Canone sexto ejusdem sessionis asserunt ac definiunt, modum secrete confitendi soli Sacerdoti non esse alienum a Christi institutione & mandato, non hoc sentiunt, quod modum illum Christus præcepit: si enim præcepisset, consequenter vetuisset, confessionem publice fieri, quod aperte negant Patres; sed tantum volunt, modum secrete confitendi, neque contrarium, neque dissentaneum esse præcepto & Institutioni Christi, quin potius maxime cum ea congruere. Apud Tourn. Tom. I. de Pœnit. pag. 231.

nothwendig die öffentliche Beichte verbothen, welches die Väter klar verneinen: sondern sie wollen nur, die Weise heimlich zu beichten, seye noch wider das Geboth, noch uneinstimmig mit demselben, und der Einsetzung Christi, ja sogar demselben höchstens gemäß. — — Also Estius. Nach ihm setzet Tournely wider den Dalläus und seinen Abschreiber hinzu; — — Aus diesem ziehen sehr viele Gottesgelehrte diese zwey Stücke: Erstens, die Weise seine Sünden zu beichten gehöre nicht zu der Wesenheit der sakramentalischen Beichte, seye sie öffentlich oder heimlich; so ist es das nämliche zu der wesentlichen Wahrheit des Sakraments: und darum giebt sich Dalläus eine fruchtlose Mühe, da er, um die Beweise der Alten von der Beichte zu entkräften, behauptet, sie reden nur von der öffentlichen Beichte, die damals ein Theil der gewöhnlichen öffentlichen Buße gewesen. Sey es, — so erhellet doch daraus, daß die Alten allezeit die Nothwendigkeit einer Sündenerklärnng erkennet haben, um die Nachlassung derselben durch die Schlüsselgewalt zu erhalten; seye

sie

sie hernach öffentlich, oder heimlich; da die Weise nicht zur Wesenheit gehöret. Obschon aus den anzuführenden Beweisen erhellen wird, auch die heimliche Beicht sey bey der öffentlichen Buße üblich, ja sogar die Richtschnur derselben gewesen. Zweytens schließen sie aus den Worten des Estius, die heimliche Beicht seye kein göttliches Geboth; obschon sie billig beyzubehalten seye. Sie halten dafür, diese Meynung seye bequemer und tauglicher die Irrlehren zu widerlegen, und die katholische Lehre zu bestättigen. — (a) Andere hingegen glauben, die Meynung, die Ohrenbeicht seye von Christus eingesetzt und vorgeschrieben, komme dem Sinne und den Worten des Kirchenrathes näher: theils weil dieser ausdrücklich sagt: es seye kein göttliches Geboth, die Sünden öffentlich zu erklären, ja es werde nicht thunlich seyn, dieses durch ein menschliches Gesetz zu fodern; und folglich seye die heimliche Beicht von Christus befohlen. Denn eine von beyden ist sicher ein gött-

---

(a) Vid. Tourn. loc. cit.

göttliches Geboth; da es keine andere Weiſe
zu beichten giebt. Nun aber iſt nach
dem Kirchenrathe die öffentliche von Chri=
ſtus nicht vorgeſchrieben worden, alſo muß
es die heimliche ſeyn. Weil nach dem Sin=
ne des Kirchenraths das ſcheint eines zu
ſeyn: die heimliche Beicht ſeye ein göttliches
Geboth, und ſie ſey dem göttlichen Gebo=
the nicht zuwider, ob man gleich aufrichtig
bekennen muß, die Väter haben ſich mit
Fleiße dieſes Ausdruckes bedienet, um nichts
zu entſcheiden, was bey den Gottesgelehrten
noch im Zwiſte lag. Bis daher Tournely.
O! ich bin des Abſchreibens recht ſatt! Ein
jeder muß itzt klar einſehen, wie aufrichtig
gründliche Gelehrte die Sache auseinander
ſetzen, wie ſorgfältig ſie die Schulmeynun=
gen von den Glaubenswahrheiten abſöndern,
und wie leicht H. Eibel die Widerlegung
aller ſeiner verführeriſchen Sätze hätte fin=
den können; wenn er nur einen gründlichen
Gottesgelehrten mit eben ſo viel Redlichkeit
geleſen hätte, als mit welcher Bosheit er
deſſen Einwürfe abgeſchrieben hat. Er hätte
gefunden, daß ſeine geſammlete Urkunden

ſchon

schon lange widerlegt, aufgeklärt, und erläutert gewesen. Aber so wäre er kein Author; er wollte demnach lieber nur das Böse wählen, das Gute liegen laſſen, und dem chriſtlichen Volke aufgewärmte Neuigkeiten wider die Ohrenbeicht um bares Geld verkaufen. Nunc nos difcuſſa reliquerunt nocte tenebræ!

§. 48.

Nun iſt es Zeit, die ganze Falſchheit der abgeſchriebenen Urkunden klar vor Augen zu legen. Wir wollen dieſelbe in fünf Sätze zuſammen ziehen; denn mehr macht das ganze geſtohlene Geſchwätz nicht aus. Erſte Falſchheit: Chriſtus hat die, den Prieſtern ertheilte Schlüſſelgewalt, ohne Beicht auszuüben gelehrt. Zwote Falſchheit: Die öffentlichen Kirchenbußen haben ſich auf keine heimliche Beicht gegründet, und ſind nur politiſche Kirchenſtrengheiten geweſen. Dritte Falſchheit: Die älteſten Väter und Kirchenverſammlungen haben die Beicht nicht gekennet. Vierte Falſchheit: Gelehrte der

ſpätern

römischen Päpste hierüber, die H. Eibel nur erzählet, die Beichtväter verdächtig, oder lächerlich zu machen, beweisen genug, wie sorgfältig die Kirche dahin arbeitet, alle Aergernisse von diesem Gerichte zu verbannen.

§. 50.

Jeder Marktschreyer hat seinen Hanswurst. H. Eibel wollte zu Verkaufung seiner Urkunden auch welchen haben. Er schrieb demnach selbst, oder durch einen gleichgestimmten Freund eine Widerlegung nieder, die nichts wenigers als eine Widerlegung ist. Der schlaue Mann suchte dadurch nichts anders, als seiner ersten Schrift mehr Ansehen zu geben durch eine elende Widerlegung. Das ganze hirnlose Wesen hat den H. Obermayr zum erdichteten Author: in der Wahrheit aber ists H. Eibel selbst, oder dessen gemietheter Hanswurst. — Was doch die Herren nicht thun, auf Voltairischen Schleichwegen ihre Geburten geltend zu machen! Zum Beschlusse sollte auch ein artiges Küpferchen dabey stehen. Wenn
mein

mein Drucker die Kosten nicht scheuete; so möchte ich, er ließ unsern Wohlgebohrnen Herrn Regierungsrath Eibel als einen theologischen Operateur in einer langen Perüke auf einer Marktschreyersbühne vorstellen mit seinen Urkunden in den Händen, und einen Hanswurst dabey, der sie dem gemeinen Pöbel austheilet.

Ambubajarum Pharmacopolæ.

Da die Eibelische Schrift in unsern Gegenden anfieng, das gemeine Volk zu verwirren, so bathen mich aufgeklärte Freunde eine katechetische Rede von der Ohrenbeichte zu halten. Hier ist sie ebenfalls.

Wahre

Wahre Urkunden des Alterthums von der Beichte.

Exprobravit incredulitatem eorum.
Er verwies ihnen ihren Unglauben.
Mark. 6, 14.

Eingang.

Den nämlichen Verweis, den der Heiland seinen Jüngern kurz vor seiner Himmelfahrt gab, könnte er auch in unsern Tagen vielen kleingläubigen Christen machen: nach allen erdenklichen Beweisen von der Auferstehung Christi zweifelten sie dennoch bisweilen an selber: ein jedes falsches Gerücht war schon im Stande ihre wankenden Herzen zu erschüttern, und die Zeugnisse deren, die den Heiland nach seiner Urstände gesehen, zu entkräften. — Er verwies ihnen ihren Unglauben.

Eben

Eben so leicht lassen sich nicht wenige der heutigen Christen in ihrem Glauben verwirren: Sie erschrecken über einen jeden Bogen Papier, den ein leichtsinniger Witzling wider einen oder andern Glaubenspunkt überschreibt: oder halten einen jeden Einwurf, den ein frecher Plauderer aus einem Buche auswendig daher sagt, für unauflöslich, und fürchten, der Felsen, auf dem die Kirche ruhet, werde einstürzen, sobald sie einen Schmetterling sehen auf denselben hinflattern: Ihre Aengsten wechseln ab, wie die Auftritte dieser Goliathen, die sie, gleich den ertatterten Jüden in dem Therebintenthale, als Riesen betrachten. — Bald zittern sie bey Fragen von dem Papste, bald bey Fragen von dem Ablasse, oder bey andern derley Fragen über die Lehre des katholischen Christenthums (denn die Fragen über alles sind allbereit zur Mode worden). — Wirklich sind noch viele dieser kleinglaubigen Seelen in Aengsten wegen der Beichte, deren nahe Veränderung oder gänzliche Abschaffung ihnen unberufene Apostel verkünden. Eine solche Zaghaftigkeit, die sich nach allen Versicherungen ihrer Kirche von derley Zweifeln beunruhigen läßt, verdient zwar billigen Verweis; allein mit dem Verweise hören doch die Aengsten nicht auf. Liebste Christen! Ich will demnach heute anstatt eines Verweises euch vielmehr einen heilsamen Unterricht, und zwar eben über das, was einige aus euch wirklich schon ängstiget, oder verwirret, über die Ohrenbeicht, geben; ich will euch zeigen, wie ungründlich man euch von Veränderungen in göttlichen Stiftungen rede, wie boshaft man alles, Wesenheit mit Nebendingen, vermische, und so die fälscheften, oder doch verdrehten Urkunden, als sichere Beweise des christlichen Alterthums vorlege. Ich will nur das Veränderliche in der Beichte von dem Unveränderlichen entscheiden; so wird sich die Lehre der Kirche sonnenklar, und unwiderleglich euch darstellen.

Die wahren Urkunden des Alterthums von der Beichte sind demnach der Gegenstand eurer Aufmerksamkeit.

In

In dem I. Theile will ich euch zeigen, was in der Beichte unveränderlich;

In dem II. Theile will ich euch zeigen, was in der Beichte veränderlich sey.

Erster Theil.

Alles, was von Gott gestiftet worden, oder mit einer göttlichen Stiftung wesentlich verbunden ist, kann von Menschen nicht verändert werden: etwas wollen hinzu oder hinweg thun, ist eben so viel, als die göttliche Stiftung wollen aufheben, und sie in eine nur menschliche Erfindung verwandeln. Nach diesem Grundsatze ist in dem Versöhnungsgeschäffte der Beichte alles unveränderlich, was darinn von dem Heilande entweder selbst eingesetzet worden, oder unumgänglich nothwendig zu dieser Einsetzung gehört: da nun die Bereuung, die Offenbarung, die Laßsprechung der Sünden in der Beichte diese Eigenschaft einer theils mittelbaren, theils unmittelbaren göttlichen Einsetzung haben: so

folget

folget nothwendig daraus, daß die Reue, die Sündenoffenbarung, mit der Lossprechung drey unveränderliche Stücke des sakramentalischen Bußgerichts seyen. Wendet eure ganze Aufmerksamkeit an, diese wahren Urkunden der Beichte zu hören.

Erste Untereintheilung.
Nothwendigkeit der Reue in der Beichte.

Die Reue ist so alt als die Sünde: Gott fodert sie nothwendig von einem rebellischen Knechte, der sich mit ihm wieder versöhnen will; so wenig als das vollkommenste heiligste Wesen die Sünde lieben kann; eben so wenig kann es ein Herz lieben, welches seine begangene Missethaten nicht bereuet, beweinet, verfluchet. Du, o Gott! singt der gekrönte Psalmist, heißest die Bosheit nicht gut: und das Buch der Weisheit versichert uns, Gott hasse zugleich den Sünder und dessen Verbrechen. Auf diese nothwendige Reue gründete sich das Versöhnungsgeschäffte in dem natürlichen sowohl als mosaischen

schen Gesetze, und die Verdienste des künftigen Meßias waren nicht anderst wirksam für Sünder, als in der Verbindung mit einem zerknirschten reumüthigem Herzen. Diese nothwendige Reue, diese vollkommne Zerknirschung predigte Noe den Sündern vor, und Moyses mit allen Propheten den Sündern der neuen Welt nach der Sündfluth, diese ergriffen alle bekannte Bußen des alten Bundes als das erste und wichtigste Hülfsmittel ihrer Versöhnung mit Gott. Ja Gott selbst befahl seinen Propheten dieses unumgängliche Mittel sündhaften Städten und Völkerschaften von Zeiten zu Zeiten zu verkünden. Zerknirschet eure Herzen, bereuet eure Missethaten, waschet mit Bußthränen eure Bosheiten ab, kehret von euren sündhaften Wegen um, ist meistens der Innhalt der alttestamentischen Bußpredigten: vor Gott seine Sünden untersuchen, bekennen, bereuen, verfluchen, das ganze Geschäffte der alttestamentischen Bekehrung. — Nothwendige unveränderliche Reue in der Beichte.

Allein,

Allein, meine Christen! glaubet nicht, daß dieses Mittel so bequem, so leicht gewesen, als man es euch in einigen Schriften will machen. Die Versöhnung, die sich damals auf eine vollkommene Zerknirschung des Sünders gründete, war ein Bußgericht, welches viel schweres, ungewisses, untröstliches, angsthaftes hatte; und obschon in dem mosaischen Gesetze die verschiedenen Brand- Versöhn- und andere Opfer die Reue unterstützten, anflammten, vermehrten; so war dennoch ein Büßer von der Güte seiner Reue, und der Wirkung derselben, folglich von seiner Versöhnung mit Gott sehr schwach versichert. Wie leicht konnte die Eigenliebe denselben verblenden, daß er entweder seine Bosheit nicht erkannte, und eben darum dieselbe nach Kräften niemals bereuete? wie leicht konnte sich die Lauigkeit mit den äußerlichen ohnmächtigen Versöhnungsopfern begnügen? oder gar eine natürliche Reue, eine knechtische Angst für eine vollkommene Zerknirschung halten? — Einmal die Propheten warfen den Juden gar oft dergleichen falsche Bekehrungen

rungen vor, heißen sie anstatt der geschlach‑
teten Thiere ihre Herzen schlachten, anstatt
mit zerrissenen Kleidern äußerlich, vielmehr
innerlich in dem Gewissen zu trauren; und
die Geschichten des alten Bundes zeigen uns
wenige wahrhafte Büßer in Ansehung der
allgemeinen Blindheit, Verstockung und
Abgötterey, die immerdar mehr überhand
nahmen. Niemand half dem gefallenen
Menschen sein verwirrtes Gewissen entwi‑
ckeln, die Ausflüchten der Eigenliebe, die
Verblendungen des Hochmuths, die Tob‑
sucht des Zorns, den Eigensinn des Neides,
die Reize der Wohllust zerstreuen, er war sich
selbst zu viel überlassen, von dem Arzte, dem
Richter, dem Lehrer, von Gott, mit dem
er sich versöhnen sollte, gleichsam noch zu weit
entfernet, und sehr schwach versichert, ob er
als ein redlicher Kranker vor seinem Arzte, als
ein aufrichtiger Schuldiger vor seinem Rich‑
ter, als ein gelehriger Schüler vor seinem
göttlichen Lehrer erschienen. Ein tröstreiche‑
res, ein mehr sicheres, ein minder angsthaf‑
tes Versöhnungsgericht war der Ankunft des
Erlösers einzusetzen vorbehalten. Bis dahin

ist

ist die Reue, die Beicht vor Gott, das einzige Hülfsmittel der Versöhnung gewesen, welches in dem neuen Bunde heilsamer, wirksamer werden sollte.

Zweyte Untereintheilung.
Nothwendigkeit der Sündenerklärung.

Der Gottversöhner ist angekommen, und sogleich nimmt alles eine andere Gestalt, die alten Schattenbilder werden theils aufgehoben, theils zu größern Geheimnissen erhöhet, nur die wesentlichen Stücke aus dem natürlichen und mosaischen Gesetze wurden beybehalten. Die Beschneidung mit andern vielfältigen Reinigungen wird durch eine seligmachende Wiedergeburt, durch die heilige Taufe ersetzt: auf die unterschiedlichen Salbungen und Besprengungen folget eine stärkende, die Seele selbst zeichnende Firmung: die sinnlichen Opfer von Thieren und Früchten machen einem unendlich kostbaren einzigen Platz: die einer einzigen Zunft eigenthümliche Priesterwürde höret auf, und
eine

eine sakramentalische Weihung öffnet allen zu der neuen die Thür. Den Kranken zum Trost wird eine heilsame Salbung gestiftet, und die eheliche Verbindung zwoer Personen wird ein Sakrament voll Segen für beyde. — Können wir glauben, der göttliche Menschenfreund habe bey so vielen andern heilsamen Veränderungen allein das wichtigste Geschäfft, warum er gekommen, die Versöhnungsart, unverändert gelassen, und dieselbe nicht ebenfalls wirksamer, trostreicher gemacht? — Nein, meine Christen! Leute, die euch dieses wollen glauben machen, und die Bußart des neuen Bundes von jenem des alten nicht unterscheiden, kennen die Schrift, kennen das Herz des göttlichen Menschenversöhners nicht: beyde lassen uns hierüber nicht den mindesten Zweifel.

Der Heiland, mit der ganzen richterlichen Macht seines Vaters angethan, kömmt auf die Erde, verlegt den Richterstuhl, der seither allein im Himmel gestanden, auf Erden, näher zum Sünder: bauet auf die immer nothwendige Reue der vorigen Zeiten

F eine

eine neue Versöhnungsordnung, nennet Richter, die in seinem Namen auch nach seiner Himmelfahrt einen übernatürlichen Gewalt über die Gewissen ausüben, und dem Sünder das Geschäfft der Versöhnung erleichtern sollten. Aus diesen Absichten bläst er sie mit seinem Geiste der Weisheit, des Raths, und der Stärke an, verspricht ihnen einen Geist, der sie alles lehren, und immer bey ihnen bleiben würde... Endlich nach allen diesen Vorbereitungen saget er ihnen: **Was ihr immer auf Erden binden werdet, soll auch im Himmel gebunden seyn, und was ihr immer auf Erden auflösen werdet, soll auch im Himmel aufgelöset seyn... Mir ist aller Gewalt im Himmel und auf Erden gegeben. Wie mich mein Vater gesendet hat, so sende ich euch auch.** Von diesem Augenblicke an ist ein zweyfaches Bußgericht festgesetzt worden, eines im Himmel, und eines auf Erden: das irdische soll dem himmlischen vorrichten, die menschliche Versöhnung mit Gott durch Christum tröstlicher, sicherer, gemeinnütziger machen, und die Herrschaft des Gottmenschen auf Erden bis
zu

zu dem allgemeinen Gerichtstage ausüben: anderst können die Worte des Heilands unmöglich ausgelegt werden: er handelt in diesen Umständen wie ein König, der zu seinem alten Reiche ein neues erobert, und in diesem zum Vortheile seiner neuen Unterthanen einen neuen Gerichtshof niedersetzt, bey dem alles eben so gut, als bey jenem seiner königlichen Residenz, kann verurtheilet werden; so haben mit dem heiligen Chrysostom und Augustin die griechischen und lateinischen Väter diese Worte verstanden, auf dieselbe den priesterlichen Gewalt über die Gewissen gegründet, und die Priester als Mitrichter des himmlischen Gerichtes, als Vorrichter des allgemeinen Weltgerichtes betrachtet.

Aber wie konnten die Apostel, und ihre Nachfolger als Menschen dieses Amt verrichten, wenn ihnen nicht ihr göttlicher Oberrichter mit der verliehenen Macht auch entweder die Gnade gegeben, in den Gewissen der Menschen, wie er, zu lesen, oder die Sünder angehalten hätte, sich selbst ihren Richtern auf Erden zu erklären, zu offenbaren.

ren. Das erste hat er nicht gethan, folglich mußte er nothwendig das zweyte von den Sündern fodern, und dieses ganz billig. Den Sündern zu lieb hat er seinen Richterstuhl gleichsam in der Nachbarschaft ihrer Gewissen errichtet, ihnen zu lieb eine Versöhnungsordnung eingeführt, wo sie nicht mehr so sehr die Gefahren der Eigenliebe, und alle Fehltritte einer ihnen allein überlassenen Bekehrung zu fürchten hatten: er erwartete also von der Aufrichtigkeit ihrer Reue, von der Ernsthaftigkeit ihrer Bekehrung, daß sie dieses gerne thun, und zu einem für sie gestifteten Bußgerichte auch das beytragen würden, ohne welches Menschen andere Menschen nicht urtheilen können. Das ist, er hoffete, die Sünder würden reden, ihre Laster den Ohren ihrer Richter anvertrauen, umständlich, aufrichtig anvertrauen, und so eine tröstliche Nachlassung erhalten. — Auf diesen nothwendigen Zusammenhang des priesterlichen Gewalts, und der sonderheitlichen Sündenerklärung hat die Kirche zu allen Zeiten das Geschäfft der Versöhnung gegründet, und ich müßte euch die Geschichte aller

christ-

christlichen Jahrhunderte hersagen, wenn es nothwendig wäre, eine so sonnenklare Stiftung, so eng miteinander verbundene Wahrheiten vernünftigen, orthodoxen Ohren weiter als aus der Schrift zu beweisen. Auf die mittelbar eingesetzte Sündenerklärung folgt die unmittelbar eingesetzte priesterliche Lossprechung.

Dritte Untereintheilung.

Nothwendigkeit der priesterlichen Lossprechung.

In der Versöhnungsordnung des natürlichen sowohl als mosaischen Gesetzes konnten die Sünder den Ausspruch ihrer Versöhnung niemals erfahren, außer dem Falle, wo ihnen Gott durch sich selbst, oder durch einen Propheten ihre Lossprechung, wie dem David, dem Manasses offenbarte. Die übrigen mußten den himmlischen Ausspruch ihrer Versöhnung erst an dem Eintritte der Ewigkeit vernehmen. Auch in diesem Stücke wollte der Heiland seine neutestamentische Versöhnung tröstlicher machen, die Ungewißheit des Ausspruchs darinn so viel als möglich lindern, die Nachricht, den Spruch der Versöhnung für den aufrichtigen Büßer in eine Art von Offenbarung verwandeln, und einen jeden Priester zum Samuel oder Nathan seines Büßenden machen, der ihm nicht nur allein, wie dem Saul die Verwerfung, oder wie dem David die Losbindung verkünden, sondern dieselbe sogar durch einen richterlichen Ausspruch wirken, selbst binden oder auflösen sollte, und beydes so sicher, daß nach allen angewendeten Pflichten eines Lehrers, Richters und Arztes, das priesterliche Urtheil auf Erden eine Vorschrift wäre, nach welcher der himmlische Richterstuhl sprechen würde. *Was ihr immer auf Erden 2c.* Der Heiland sagt nicht, was der Himmel wird gebunden oder aufgelöset haben, das werdet ihr als gebunden, oder aufgelöst erklären; sondern ihr werdet auflösen, oder binden, und der Himmel wird eurem Urtheile nachsprechen, dasselbe bestättigen: die Sünder, die sich mit Gott versöhnen wollen, werden euch ihr Anliegen offenbaren; ihr wer-

werdet richterlich, väterlich, weislich darüber sprechen, ob sie den Kuß des göttlichen Friedens verdienen oder nicht. Ich könnte dieses zwar wieder mit der ganzen Uebereinstimmung der ältesten, mittlern und jüngsten katholischen Geschichte bekräftigen: allein gesunde Augen, die lesen, und eine unbefangene Urtheilskraft, die schließen kann, sehen dieses alles in den Worten des Heilands. Wir können uns wie Paulus bey den Korinthern rühmen, den Sinn Christi zu haben, und sind versichert, der letzte Katholik an dem Ende der Zeiten werde diese Worte so verstehen, sie von einem richterlichen Gewalt auslegen, wie die Apostel, die sie aus dem Munde ihres göttlichen Meisters gehöret.

Sehet AA.! dieses sind die wahren Urkunden der Beichte, eine Reue, die so alt ist, als die gefallene Welt, ein neues Gericht, welches der Erlöser auf diese Reue gegründet, und in welchem die Erklärung des Sünders mit der Bindung oder Lossprechung des Priesters verknüpft ist: von dieser

ſer Verſöhnungsordnung kann unmöglich etwas hinwegbleiben, ohne den Erlöſer als den dunkelſten Geſetzgeber, ſeine Kirche als eine verblendete Verführerinn zu läſtern, und die klärſten Stellen der Schrift mit ihren natürlichſten Folgen zu läugnen. Die Reue und alle ihre Eigenſchaften, als die Gewiſſenserforſchung, der Vorſatz und die Genugthuung können ſo wenig verändert werden als ein Grundpfeiler, auf dem ein ganzes Gebäude ruhet. Die Sündenerklärung, die Gott allein geſchieht, iſt unmöglich diejenige, die der Heiland begehrt: ſie muß eine für menſchliche Richter hinlängliche, umſtändliche, ſonderheitliche Erklärung ſeyn, ohne welche ſie blinde Richter, dumme Lehrer, lächerliche Aerzte wären: endlich muß die Losſprechung ein perſönlicher Gewalt ſeyn, der auf Erden an Gottes Statt ausgeübt wird. Dieſes ſind die unveränderlichen Theile der Beichte, wer einen davon hinweg nimmt, hebet ſie ganz auf, und kehret eine göttliche Stiftung in eine unnütze menſchliche Erfindung um. An dieſe drey göttlichen Wahrheiten müſſet ihr euch halten,

halten, wenn ihr höret wider die Beicht reden, oder wenn ihr gar Schriften gegen dieselbe zu lesen bekommt. Alle zielen dahin ab, daß sie die alttestamentische Versühnungsordnung entweder zu viel erheben, oder die Sündenerklärung als eine Folter der Gewissen, und den priesterlichen Gewalt als ein erschlichenes Recht, als eine übertriebene Pfaffenmacht ansehen; antwortet ihnen, oder vielmehr antwortet euch selbst, wenn euch ihr scheingelehrtes Geschwätze verwirret: die alttestamentische Reue ohne Beicht war gut und nothwendig, aber die neutestamentische Reue mit der Sündenerklärung und priesterlichen Lossprechung verknüpft ist unvergleichlich besser, und auf die gewisse Einsetzung des göttlichen Erlösers gegründet. So lang sie euch dieses nicht klar widerlegen, so lang dürfet ihr sie als eitle Schwätzer verachten. Vorzüglich aber untersuchet, wer diejenigen seyen, die sich wider diese neutestamentische Stiftung erklären; meistens sind es freche Jünglinge, ausgelassene Töchter, verdorbene Witzlinge, stolze eigensinnige Gelehrte, denen es entweder

F 5 zu

zu schwer fällt, ihre Schwachheiten vor dem sakramentalischen Richterstuhle zu erklären, oder die euch gerne in ihre Unordnungen, in ihre Ausschweifungen zögen, und darum die Beicht gerne aus dem Wege räumten. Bisweilen sind es sogar ärgerliche Hausväter, in ihrem Glauben schlecht unterrichtete Geistliche, und überhaupt falsche Apostel, die alles unter einander mischen, die nach dem Ausdrucke des heiligen Apostels Paulus bey dem Timotheus — sich in die Häuser eindringen, die einfältige mit Sünden beladene Weibspersonen einnehmen, unterschiedlichen Begierden nachlaufen, immerdar lernen, oder nach dem heutigen Geschmacke zu reden immerdar neue Glaubensfragen aufwerfen, — und niemals zur Wissenschaft der Wahrheit gelangen... Leute eines verdorbenen Sinnes, und verworfenen Glaubens, die sich so wider Christus, wie Jannes und Mambres wider den Moyses empören; Leute endlich, die nichts als Veränderungen in Glaubenssachen wollen, und öfters unter dem Namen gleichgültiger Neuerdinge, oder gar schädlicher Misbräuche

Glau-

Glaubenswahrheiten angreifen. Um euch noch nachdrücklicher wider ihre verführerische Reden und Schriften in Ansehung der Beichte zu bewaffnen, muß ich euch noch erklären, was in derselben veränderlich seye.

Zweyter Theil.

Vorzüglich in der Einsetzung der Sakramente hat der Gesetzgeber des neuen Bundes seine göttliche Weisheit gezeiget, da er bey mehrern nur die Wesenheit derselben bestimmet, und die Nebendinge davon seiner Kirche überlassen, welche, von einem untrüglichen Geiste geleitet, nicht nur keine fehlerhafte Veränderungen treffen können; sondern auch viele Dinge nach den Umständen der Zeiten, Sitten und Länder nützlich sowohl als nothwendig abändern mußte, gleichwie sie dieses auch mit dem Sakramente der Versöhnung in Ansehung der Reue, der Sündenerklärung und der Lossprechung gethan. — Lauter Veränderungen, die sie hat treffen können, und meistentheils müssen.

Erste Untereintheilung.
Abänderung in der Reue.

Daß die Reue übernatürlich sey, daß sie die Sünde als eine göttliche Beleidigung ansehe, sich über alle Neigung zur Sünde ausdehne, und, nach dem Ausdruck der heiligen Schrift, das Herz betrübe, zerknirsche, umschaffe, dieses ist eine göttliche Foderung, die in dem alten und neuen Bunde muß erfüllet werden. Hingegen die äußerlichen Zeichen dieser Reue, die Dauer und Bestimmung derselben, alles dieses hat der Heiland der Willkühr seiner Kirche überlassen, die alles nach den verschiedenen Umständen ändern kann, und es auch schon öfters gethan.

Die Abänderungen in diesem Stücke sind ein lehrreiches Bild von dem Eifer der ersten, und Lauigkeit der spätern Zeiten in der Geschichte des Christenthums. In den ersten Zeiten wurden für die meisten schweren Sünden mehrjährige öffentliche Beweise der Reue verlangt: in den spätern Zeiten läßt

läßt die Kirche dieselbige der Untersuchung und dem Gutdünken eines einzigen Beichtvaters über. Vormals mußte die Reue durch gewisse Grade ihre Vollkommenheit zeigen, von den Glaubigen abgesöndert, durch Weinen und eine gelernige Demuth sich prüfen lassen: in unsern Tagen ist sie eine Art von gelinder Pflegung eines nach der Gesundheit seufzenden Kranken: vormals war sie eine Marter, die auf die strengste Weise die der Gottheit zugefügte Unbilden rächete: in unsern Tagen behaupten gelehrte Männer, mit Wissen der Kirche, daß die Reue auch ohne einzige göttliche Liebe in dem Sakramente könne wirksam seyn. Vormals drang der Eßig dem Oele, und heute dieses dem Eßig vor bey der Wundenheilung der Büßer: vormals wurden die Vorsätze meistens vor der Lossprechung geprüfet, heute erwartet man die Erfüllung desselben meistens darnach: vormals vertrat die Buße die Stelle der verdienten Höllenstrafen, heute gleichet sie mehr einer sanften Kur. Was müssen wir bey diesen Veränderungen schließen? Nichts
anders,

anders, als daß die Kirche durch die Lauigkeit ihrer Kinder, den Meynungen ihrer Gelehrten so lang nachgebe, so lang stillschweigend zusehe, so lang die Wesenheit der Reue bleibet. Freylich wünschet sie bey ihren Kindern die sichere Zerknirschungen, die überzeugende Reue, die festen Vorsätze der ersten Zeiten zu finden; aber sie will dieses nicht mehr mit den alten abschreckenden Bußgesetzen erzwingen; sondern es von der Freyheit wohl unterrichteten Kinder erwarten. Sie weiß, daß der Heiland von ihr nichts anders verlange, als daß sie das Versöhnungsgeschäffte auf eine hinlängliche Reue und Leid gründe, ihren Einsichten aber überlasse, die Beweise derselben nach den Umständen der Zeiten zu fodern; darum laßt sie in Schulen darüber verschiedene Meynungen hegen; und so sehr auch die äußerlichen Zeichen der Reue in den ersten und itzigen Zeiten von einander entfernet scheinen, rufet sie in der Wesenheit doch immer das nämliche ihren Büßern zu: ihr müsset euch bekehren, die Sünden hassen, die bösen Neigungen ablegen, zerknirschte,

ver-

veränderte Herzen haben; ansonsten kann ich euch unmöglich mit der beleidigten Gottheit versöhnen. Es ist wahr, bey der Strengheit der ersten Zeiten war sie sicherer; aber bey der Gelindigkeit der itzigen fehlet sie nicht; ihre Kinder müssen es der selbst eigenen Lauigkeit zuschreiben, wenn das Sakrament der Versöhnung so manchmal fruchtlos wird: sie wissen aus der Schrift sowohl als aus den Predigten und christlichen Lehren ihrer Mutter, worinn eine wahre Reue, eine hinlängliche, eine sakramentalische Zerknirschung bestehe: würden sie nach diesen Begriffen ihre Reuen einrichten; so erhielt der Heiland und die Kirche, seine Braut, ihre erwünschte Absichten; die Schuld liegt allein bey den ersten: ja sie sind noch strafbarer, daß sie einer sanften Mutter minder gehorchen, als die ersten Christen, die sich auch einer strengen Mutter so demüthig unterwarfen. Strenge und Sanftmuth in der Reue sind willkührliche Sachen, welche die Kirche nach ihrem Gutdünken abändern kann. Gleiche Freyheiten hat ihr der Heiland in Ansehung der Sündenoffenbarung gelassen.

Zweyte Untereintheilung.
Abänderung in der Sündenoffenbarung.

Die Sündenerklärung in dem neuen Bunde muß umständlich und insbesondere geschehen, sich über Gedanken, Worte und Werke verbreiten, dieses verlangt das von dem Heiland eingesetzte Bußgericht auf Erden, dieses gründet sich auf die schwachen Menschen anvertraute Schlüsselgewalt, und ist eine göttliche Stiftung: ob aber diese Erklärung heimlich oder öffentlich, oder auf beyde Arten zugleich geschehe, dieses hat der weiseste Gottmensch wieder der Klugheit seiner unfehlbaren Braut überlassen, und ihre Jahrbücher überzeugen uns, daß sie den heilsamsten Gebrauch von dieser Freyheit gemacht. — So lang sie es für nützlich und auferbaulich hielt, verband sie die heimliche und öffentliche Sündenerklärung miteinander: jedoch weil die öffentliche Beicht

in

in vielen Umständen könnte schädlich, ärgerlich, und den Büßenden nachtheilig werden, andererseits aber zur Versöhnung eine sonderheitliche Sündenerklärung unumgänglich nothwendig ist; schickte sie allzeit der öffentlichen eine heimliche Beicht voraus, in welcher bestimmt wurde, welche Sünden heilsam und erbaulich öffentlich könnten erkläret werden. Anstatt euch von der Apostelgeschichte an bis in das neunte oder zehnte Jahrhundert darnach dieses Betragen der Kirche mit den sichersten Beweisen zu bekräftigen, anstatt euch verschiedene allgemeine und sonderheitliche Kirchenverordnungen in Bestimmung der öffentlich zu erklärenden oder nicht zu erklärenden Sünden zu erzählen, anstatt euch die unterschiedliche Gebräuche der griechischen und lateinischen Kirche mit den Ausdrücken ihrer Väter und Rituale herzusagen, bitte ich euch nur diesen einzigen Vernunftschluß gegen alle Klügeleyen heutiger Witzlinge zu merken: nicht alle schwere Sünden haben öffentlich dürfen erkläret werden: diesen Satz wird niemand verneinen, der nur ein

G bisgen

bisgen in der Kirchengeschichte bewandert
ist; und die gesunde Vernunft überzeuget
uns, daß die erste Kirche behutsam gewesen
sey, niemal ärgerliche, oder den Büßenden
schädliche Entdeckungen, als Ehebrüche,
Blutschanden, Todschläge, und andere
dergleichen mehr öffentlich vortragen
zu lassen. Folglich hat sich die Kirche entweder
eine partheische von Christo nicht bestimmte
Macht über einige Sünden tyrannisch
zugeeignet; oder sie muß ein Mittel
gehabt haben, die heimlichen anderen Todsünden
erkennen, und also über dieselbige
nach der allgemeinen von Christo eingesetzten
Sündenvergebung urtheilen zu können.
Das erste, daß sie nur aus politischen Absichten
sich über einige Sünden einen öffentlichen
Strafgewalt zugeeignet, kann ein
Katholik von seiner unfehlbaren Mutter
nicht glauben, folglich ist das zweyte sicher
geschehen, und da es kein anderes Mittel
als die heimliche Beicht für diese nicht offenbar
zu erklärende Sünden gegeben; so
muß die heimliche Sündenerklärung allzeit
der öffentlichen vorgegangen seyn. Alle
Sün-

Sünden mußten erklärt werden: öffentlich konnte es in vielen Fällen nicht geschehen; also mußte es heimlich geschehen. Dieses Betragen der Kirche, die Vereinigung der öffentlichen mit der heimlichen Beichte dauerte so lang bis die Menge der Pfarreyen, vorzüglich aber die kriegerischen Verwirrungen, die rohen unbeugsamen Sitten der mittlern Zeiten von dem achten bis in das zehnte Jahrhundert die öffentliche Beicht nach und nach überhaupt unmöglich, oder auf hunderterley Arten beschwerlich machten, bis sie endlich gar aufgehöret, und die heimliche Beicht allein fortgesetzet worden, nicht als etwas neues, sondern als eine von den Apostelzeiten hergeleitete Art der Erklärung, die zu dem von dem Erlöser gestifteten Bußgerichte unumgänglich nothwendig ist, und ohne welche die Sündenvergebung noch klug, noch allgemein hätte können ausgeübet werden. Mit dieser einzigen Erklärung versehen können wir alle Dunkelheiten in den Schriften der Väter, in den uns dem Scheine nach widersprechenden Kirchenverordnungen, und vorzüglich alle Trugschlüsse

der

der heutigen Witzlinge beleuchten. Es sind in Ansehung der heimlichen Beichte, meistens Ausdrücke, Satzungen, oder auch schlaue Folgen, die aus dem zerschiedenen willkürlichen Disciplinwesen hergeleitet, und von verführerischen Geistern nicht selten für wesentliche Stücke vorgetragen werden. — Eine Sündenerklärung ist nothwendig, ob nun der Heiland dieselbige heimlich oder öffentlich verlange, hierüber hat die Kirche ausdrücklich noch nicht gesprochen, und wird auch glaublich nicht sprechen, da die Wesenheit der Beicht bey der heimlichen so gut, als bey der öffentlichen Sündenerklärung ungekränkt bleibet, und ihr unfehlbares Betragen schon Vertheidigung genug für die fortgesetzte, oder allein beybehaltene heimliche Sündenerklärung ist. Höret noch die Veränderungen in der Lossprechung.

Dritte

Dritte Untereintheilung.
Abänderungen in der Lossprechung.

Ein jeder Priester hat zwar kraft seiner Weihe die Macht die Sünden zu vergeben, diese Vergebung muß durch einen richterlichen Spruch geschehen, und die Sünder sollen diese Lossprechung nie zu lang verschieben. Diese drey Stücke sind der göttlichen Schrift, der Wesenheit der von Christo eingesetzten Sündenvergebung, und dem elenden Stande des Sünders selbst gemäß: nichts desto minder hat es der Heiland seiner Kirche frey gelassen, sowohl die Anzahl der sakramentalischen Richter, und ihre Gewalt, als auch die Lossprechungsworte, und die Zeit der Lossprechung zu bestimmen; verschiedene Abwechslungen liefert uns die Kirchengeschichte über alle diese Punkte, die zu vielen Erläuterungen nothwendig, aber der Wesenheit der Lossprechung niemals nachtheilig sind.

Veränderung in der Anzahl der geistlichen Richter. Anfänglich behielten sich meistens die Bischöfe kraft des von den

Aposteln ererbten Obergewalts die Lossprechung, sonderbar der öffentlich Büßenden vor: wie schon Paulus ihnen hierinn ein klares Beyspiel in Ansehung des Korinthischen Blutschänders gab, nach und nach aber foderten die Umstände und Veränderungen der Zeiten, daß die Bischöfe auch andern von ihnen hierzu geprüften Mitarbeitern die Lossprechung in den nicht vorbehaltenen Fällen überließen. — *Veränderung in den Lossprechungsworten:* Diese waren bis in das zehnte oder eilfte Jahrhundert in der lateinischen, und in der griechischen Kirche noch länger, meistens bittweise abgefasset, da sie wirklich mit Worten, die eine richterliche Gewalt genauer bestimmen, vorgebracht werden, und anstatt des Gebethes, welches der irdische Unterrichter für die Sünder zu dem göttlichen Oberrichter vormals that, versöhnt er ihn wirklich mit diesem allgemein festgesetzten richterlichen Ausspruche: Ich spreche dich los u. s. w. — Nichts desto minder haben die Väter mit dem ganzen Alterthume diese bittweise Lossprechung allzeit für eine rich-

richterliche Handlung angesehen, und sie für ein wahrhaftes Urtheil gehalten: ihre Schriften, und vorzüglich jene des heiligen Chrysostomus lassen uns hierüber nicht den geringsten vernünftigen Zweifel. — **Veränderung in der Loosprechungszeit:** Was diese anbetrift, so ist ein jeder Sünder nicht nur kraft seines Christenthums, sondern auch nach der gesunden Vernunft, und den Pflichten der natürlichen Religion gemäß schuldig, nicht lang ein Feind seines Gottes zu bleiben; sondern sich mit demselben, sobald es möglich, zu versöhnen. So lang die Christen nach diesen Pflichten entweder von schweren Sünden sich sorgfältig hüteten, oder ihre seltene Fälle durch eine schleunige Bekehrung tilgeten, ließ die Kirche die Bekehrungszeit ihrem Eifer und der bekannten Gewissenszärtlichkeit über, wie der Heiland selbst, der keinen Zeitpunkt zur Bekehrung festgesetzt; da eine jede Zeit für den Sünder eine Bekehrungszeit werden kann, und auch soll. Allein da, sonderbar nach Aufhörung der öffentlichen Bußen und Bekehrungen, die Sitten sich immer verschlimmerten, die Unwissenheit die Pflichten des Heils vergaß, und eine allgemeine Unbußfertigkeit sich über alle Glieder des Christenthums ausbreitete; sah sich die Kirche gezwungen, ein für unsre Zeiten zwar beschämendes, aber nichts desto minder höchst nothwendiges Geboth in einer allgemeinen Kirchenversammlung zu verfertigen, und kraft dessen einem jeden Christen zu befehlen, jährlich zum wenigsten doch einmal sich dem Priester zu zeigen, und an das Geschäfft seiner Versöhnung mit Gott zu gedenken. Nur in so weit ist die jährliche Beicht ein Kirchengeboth, in sich selbst ist sie für jeden mit schweren Sünden beladenen ein göttlicher, ja sogar ein Befehl des natürlichen Gesetzes, durch den von ihm gefordert wird die Mittel der Versöhnung mit Gott, so bald möglich, zu gebrauchen. Zu diesen Abänderungen gehören noch alle jene Meynungen, zu denen verschiedene Begebenheiten, Erneuerungen, Ketzereyen, Misbräuche, Schulsysteme der Gelehrten Anlaß gegeben, und welche alle die Kirche so lang duldet, als sie die Wesenheit der Sündenvergevergebung nicht angreifen. — Lasset uns, christliche Zuhörer! diesen ganzen katechetischen Unterricht von der Beichte in die faßlichste Kürze zusammen ziehen, und beschließen.

Beschluß.

Die Beicht hat demnach unveränderliche Eigenschaften: eine Reue, die so alt ist, als die sündhafte Welt, und mit welcher alles verbunden ist, was zu einer wahren Zerknirschung gehöret: auf diese hat der Heiland ein Bußgericht gegründet, in welchem der Sünder nothwendig sein eigner Ankläger, und ein Mitmensch sein von Gott gesetzter, bevollmächtigter Richter, Lehrer und Arzt wird. Der Sünder muß in dem neuen Bunde sich selbst anklagen, seine Sünden bereuen, und von einem irdischen Richter losgesprochen werden: heißet dieses nun eine öffentliche oder heimliche, eine Kirchen- oder Ohrenbeicht, so ist sie eine göttliche Stiftung, von welcher Menschen nicht das mindeste hinzu thun, nicht das mindeste hinweg nehmen können.

Die Beicht hat veränderliche Eigenschaften: — Die Strengheit oder Milde in dem Beweise der nothwendigen Reue, die Heimlichkeit der Sündenerzählung mit der öffentlichen verknüpfen, oder von derselben trennen; die Losſprechung wenigen oder mehrern überlaſſen, bittweiſe, oder durch Machtſprüche ertheilen; die Zeit dazu den Sündern frey laſſen, oder beſtimmen, alles dieſes hat die Kirche verändern können, und ohne den geringſten Irrthum zu begehen, heilſam verändert. Liebſte! dieſer Unterricht iſt zwar ſehr eng beyſammen, und kurz; deſſen ohneracht iſt er doch hinlänglich genug, ja mit Fleiße in die möglichſte Kürze zuſammen geſetzt, um euch wider jene ebenfalls kurze Brochüren zu bewaffnen, die eure Einfalt zu verführen, euren Glauben zu verwirren, und euch das Prieſterthum eurer Kirche verdächtig zu machen, in allen Händen herumfahren. Mit dieſer kurzen Lehre von dem, was in der Beichte veränderlich und unveränderlich iſt, könnet ihr glücklich alle jene witzige Plauderer widerlegen, die aus verdächtigen Quellen geſchöpfet, und meiſtens

stens gegen die heilige Beicht nichts anders hersagen, oder in die Welt hinaus schreiben, als was die Irrlehrer schon lange wider dieselbe gesprochen, ohne auf die Antworten zu horchen, die ihnen die Kirche und orthodoxe Lehrer schon so oft auf die überzeugendste Weise gegeben. — Sonderet allzeit in ihrem stolzen Geschwätze das Veränderliche von dem Unveränderlichen ab in der Beichte, so werden euch ihre feine Falschheiten enthüllet da stehen. Und sollten euch von ihren Einwürfen auch noch unaufgelöste Zweifel überbleiben, so fraget eure Seelenhirten, fraget aufgeklärte redliche Gelehrte darüber, oder schlaget selbst in jenen zahlreichen Schriften nach, in welchen die größten Männer, ganze Kirchenversammlungen, die berühmtesten hohen Schulen die katholische Wahrheit verfochten: ihr werdet finden, daß man euch mit Trugschlüssen, mit blendenden Neuigkeiten, mit verfälschten Urkunden, mit unredlichen Verdrehungen hintergehen wollen, und meistens Absichten des Lasters gehabt, um euch die Beicht verächtlich, oder fruchtlos zu machen. Selbst Luther und die augsburgische

sche Confeßion sagen bey dem berühmten Bischofe Bossuet die sonderheitliche Lossprechung müsse in der Beichte beybehalten werden, sie seye ein wahrhaftes Sakrament, und die Schlüsselgewalt lasse die Sünden nach, nicht vor der Kirche, sondern auch vor Gott. Luther setzet in seinem kleinen Katechismus hinzu: „Vor Gott müssen wir uns wegen „unsern unbekannten Sünden, vor dem Mi„nister aber über jene anklagen, die wir wis„sen, und die wir in unserm Herzen empfin„den.„ — Klinget diese Sprache nicht viel katholischer, als jene vieler Katholiken? — Der Himmel bekehre sie, und bewahre uns alle vor gefährlichen Veränderungen in Dingen, wo keine möglich sind. Amen.

www.ingramcontent.com/pod-product-compliance
Lightning Source LLC
Chambersburg PA
CBHW020153170426
43199CB00010B/1016